하나님의 기적
대한민국 건국

이호 지음

자유와 번영을 이루기까지

한 인간의 일생에는 빛과 어두움이 교차합니다.

그러나 이승만의 어둠은 너무나 짙어서, 모아놓으면 한편의 잔혹사가 됩니다.

주리를 틀고 불에 달군 쇠 젓가락으로 지지고 공중에 매달아 놓았던 한성 감옥의 고문

스물일곱 살, 구토와 설사로 죽어가는 시체들 틈에 섞여있어야 했던 콜레라의 기억

먹지도 못하고 허기진 채로 밤을 새워야 했던 유학 시절

"대가리가 썩었다"고 비난받으며, "미친 노인네"로 손가락질 당했던 독립 운동 시기

"쏴버리겠다"는 미군의 협박, 실제로 여러 번 겪었던 동족의 암살 미수

칠십오 세에 감당해야 했던, 온 나라를 잿더미 시체더미로 만든 전쟁

혼자 힘으로 나라를 세우고 홀로 동맹을 맺어내면서 견뎌야 했던 탈진

독재자로 몰리며 처참하게 추락한 말년

태평양의 외로운 섬에서 유폐된 고독으로 저물어야 했던 최후

이승만의 잔혹사는 지금도 계속됩니다.

미국의 앞잡이, 분단의 원흉, 노욕의 독재자, 민족 정기의 훼손자, 권력의 화신...

그러나 잔혹함에서 찬란함을 빚어내는 것이
하나님의 섭리요 하늘의 예술입니다.
처참한 골고다에서 인류의 구원이 이루어졌듯
이승만의 잔혹한 생애에서 대한민국의 탄생과 발전이 가능했습니다.
잔혹과 참혹을 견디며 자유와 번영을 이루어내기까지
그를 받쳐온 두 기둥은 신앙과 애국이었습니다.

살아서나 죽어서나
썩고 썩고 또 썩은 이승만이 거름이 되어서
대한민국의 꽃은 눈부시도록 아름답게 피어났습니다.
이 나라 건국의 주역들에게 마음 깊이 감사드리며
신앙과 애국의 인재들이 일어나 예수 한국과 통일 조국을 이루기를
역사의 주인이신 하나님께 기도합니다.

2012년 유월, 쉰두번째 6·25를 맞이하며

| 목차 |

한반도 운명의 전환, 1953년

  동양에서는 60년을 소중하게 여긴다. 육십에 환갑 잔치를 연다. 이제 한반도의 커다란 전환점을 맞이한 후 60년에 육박한다. 1953년에 한반도, 더 나아가 동북 아시아의 운명이 바뀌었다. 대전환이 일어나기 전, 60년의 발자취를 살펴본다.

- 1894–1895년 청일 전쟁 : 조선을 놓고 동양의 오랜 강대국 청나라와 신흥 강국 일본이 전쟁을 벌였다.

- 1895년 을미사변, 1896년 아관파천 : 조선의 왕비이자 국모(國母)가 일본인들에게 잔인하게 살해당했다. 세계 역사에서 찾아보기 어려운 만행이었고 비극이었다. 신변의 위협을 느낀 고종은 러시아 공사관으로 피신했다. 한 나라의 임금이 남의 나라 공관에 얹혀살았다.

- 1904–1905년 러일 전쟁 : 남진하는 러시아와, 영국과 미국의 지원을 받은 일본이 전쟁을 벌였다. 이긴 쪽이 조선을 차지하는 전쟁이었다.

- 1910년 한일합방 : 조선이 일본에게 강제로 점령당했다. 이후 36년간 조선인들은 나라 없는 백성으로 말할 수 없이 고통스러웠다. 심지어 우리말과 글, 이름조차도 빼앗겼다. 수많은 독립 지사들이 고문당했고 처형당했다. 백성들은 강제 노무자와 성 노예로 끌려갔고 학살당했다.

- 1931년 만주사변, 1937년 중일 전쟁 : 일본이 중국을 침략했다. 군인과 민간인을 가리지 않고 죽였다. 일본 군인들은 중국인들을 닥치는 대로 잡아서 세워놓고 "누가 먼저 100명의 목을 베는가" 따위의 시합을 했다. 난징 대학살과 같은 참극이 일어났다.

- 1941년 태평양 전쟁 : 일본이 진주만을 기습 공격하여 미국과 싸웠다. 가미가제 특공대는 사람을 폭탄으로 활용했다. 결국에는 원자 폭탄이 떨어지는 것으로 끝이 났다.

- 1950-1953년 한국 전쟁 : 동족상잔(同族相殘)의 비극인 동시에 소련, 중국, 유엔 16개국이 참여한 국제 전쟁이었다. 죽거나 다친 사람이 500만이 넘었다.

60년 역사는 60년 잔혹사였다. 수만, 수십만, 수백만이 죽는 사건이 계속해서 일어났다. 지금도 남아있는 필름들은 공포 영화의 장면처럼 보인다. 대학살로 죽은 수십만의 중국인들, 하체(下體)가 망가져서 앉지도 못하고 서서 밥을 먹어야하는 한국의 종군 위안부들, 미군의 폭격을 받아 머리에 불이 붙은 일본 시민, 원자 폭탄으로 흉측해진 몸들, 폐허가 된 거리를 가득 채운 고아와 거지들...

1953년 이전의 동북 아시아는 지뢰밭이었고 화약고였다. 발을 들여놓는 사람은 누구도 안전을 장담할 수 없었다.

이제 1953년 이후를 살펴본다. 무슨 일이 일어났는가? 비행기 납치, 무장 공비 남파, 여객기 테러, 천안함 사건 등등이 생각나기는 한다. 하지만 중국과 일본과 한국과 러시아가 무슨 전쟁을 벌였다는 기억은 없다. 수만,

수십만, 수백만이 죽어나갔던 동북 아시아에서 수백 명이 죽은 전투 한 번 없었다.

전쟁이 빠져나간 자리에, 눈부신 경제 성장이 있었다. 일본과 한국과 중국이 차례로 세계 최고의 경제 성장률을 기록했다. 패전국 일본의 부흥, 후진국 한국의 산업화와 민주화, 공산주의 국가 중국의 개혁 개방이 이어졌다. 동북 아시아는 세계에서 가장 빠르게 성장하는 역동적인 지역이 되었다.

도대체 무슨 일이 있었을까? 세계의 화약고였던 동북 아시아가 어떻게 세계 경제를 이끌어가는 견인차가 될 수 있었을까? 전쟁과 학살과 고통의 땅이 누구에 의해서 자유와 번영과 성장의 땅이 되었을까? 1953년에 무슨 일이 있었을까?

1953년에, 이승만이 있었다. 이승만이 거의 혼자 힘으로 성사시킨 한미 상호 방위조약이 있었다. 미군이 한국에 주둔함으로써, 북쪽의 중국과 러시아가 쳐내려올 수 없었다. 미국이 중간에 버티고 섬으로써, 남쪽의 일본이 대륙으로 쳐올라갈 수 없었다. 미군으로 인해 남한도 북한도 전면전을 벌일 수 없었다.

전쟁이 불가능해진 곳에서, 사람들은 공장을 세웠고 물건을 만들었으며 국민들을 교육시켰다. 60년간 수도 없이 전쟁을 치르면서 강해진 사람들은 강렬한 성취를 이루었다.

이승만을 논하면 사람들이 질문한다. 왜 이승만인가? 오래전에 역사의 무대에서 퇴장했고 이제는 기억마저도 희미해진 그를 다시 거론하는 이유가 무엇인가? 미국의 앞잡이요 독재자로 지탄받았던 인물을 다시 배워야 하는 까닭이 있는가?

필자는 이런 대답을 들려주고 싶다. 이승만은 우리 민족의 생존과 함께 동북 아시아의 번영을 이끌어낸 위대한 리더였다. 그는 세계의 화약고에서 화약의 뇌관을 제거해버렸다. 최강대국과 동맹을 맺고 최강의 군대를 한반도에 배치함으로써, 절묘한 세력 균형을 이루었다. 그것이 장기간의 평화와 발전을 선물했다.

이승만의 존재로 말미암아 가능해진 평화와 번영 속에 우리가 살고 있다. 그런데, 그의 모든 업적은 신앙과 애국의 노선으로 만들어졌다.

필자는 다시 질문하고 싶다. 왜 이승만을 모르는가? 아직도 이승만을 몰라야할 특별한 이유가 있는가?

제 **1** 장

신동, 천재, 열혈 애국청년

▲ 1893년, 현재의 서울역 인근에 있었던 도동
(桃洞) 서당 시절. 아버지 이경선(李敬善)옹
을 가운데 모시고 찍은 사진. 당시 18세였던
이승만(오른쪽)과 서당 친구 김홍서.

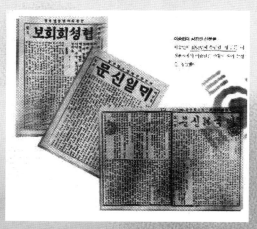

▲ 1898년, 이승만이 창간한 신문들. 이승만은
우리 역사상 최초의 일간지를 발간했으며
"기자"라는 칭호도 최초로 사용했다.

제 **1** 장

신동, 천재, 열혈 애국청년

도동골의 어린 신동

난세(亂世)는 영웅을 낳는다. 휘몰아치는 풍운에 꺾이지 않는 인물들이 영웅으로 자라난다. 이승만은 1875년에 태어났다. 미당(未堂) 서정주(徐廷柱)는 시인다운 필치로 그 시대를 묘사한다.

"역시, 이 무렵은 아무리 들여다보아도 벌써 조선의 황혼이 시작된 때다. 거센 외세와 신문명의 물결은 이미 이때부터 본격적으로 이 처사(處士)의 나라 조선 반도를 에워싸고 출렁거리기 시작했건만, 조선은 여전히 태고의 꿈에서 깨지를 못한 채, 세계와 합류할 철저한 자각도 없었고 또 이를 끝까지 거부할 통일된 힘도 없이, 황혼의 장터와 같은 외세의 트집판 속에 어쩔 수 없는 낙일(落日)을 비롯한 때였다."[1]

해는 저물고 사람들은 흩어지는 쓸쓸한 황혼의 장터 같은 시대에, 이승만은 몰락한 왕족으로 태어났다. 그는 세종 대왕의 형이었던 양녕 대군의 16대 후손이었다. 그러나 5대조 이후로는 벼슬길이 끊겨서 왕족이면서도 가난 속에서 자라났다.

그의 아버지 이경선(李敬善)은 풍류객이었다. 그는 젊은 시절 과거에 낙방한 후, 아름다운 경치와 풍수(風水)를 쫓아 몇 달씩 전국을 방랑했다. 술과 친구를 좋아해서 재산을 탕진했던 인물이었다.

어머니 김해 김씨는 서당 훈장의 따님이었다. 당시의 여인으로서는 드물게 글자를 익혔고 학식도 있었다. 자식을 여럿 잃고 나서 마흔이 넘어서 낳은 6대 독자 이승만을 끔찍하게 아꼈다. 그녀는 삯바느질로 살림을 꾸려가며 아들의 교육에 전념했다.

이승만이 태어난 곳은 황해도 평산이었지만, 두 살 때 한양으로 이사했다. 이곳저곳 옮겨다니다가 자리잡은 곳이 남문 밖 도동 골짜기, 그곳의 작은 초막에서 스무 살이 될 때까지 살았다. 그의 집은 비가 오랫동안 내리지 않을 때 기우제를 지내는 마루턱인 우수현(雩守峴) 남쪽에 있었다. 이승만의 호 우남(雩南)은 자신이 나고 자란 우수현 남쪽을 가리킨다.

어린 이승만은 부모의 사랑을 듬뿍 받으며 행복하게 자랐다. 그의 주변에는 헐벗고 굶주린 백성들이 많았다. 이승만은 양반에 왕족이었으면서도 가난한 이들과 벗하며 살았기에 생각과 느낌은 그들과 크게 다르지 않았다.

이원순(李元淳)은 소년 이승만이 살았던 한양을 묘사한다. "길은 토벽으로 된 초가집 사이를 제멋대로 굽이쳐 돌아가는 좁은 골목뿐이었고 위생 시설에 대한 관념도 희박하여 요강 속의 배설물을 길가에다 쏟아버리기가 일쑤였다. 세습적 전제 군주는 백성에 대해서 참혹성을 지니고 있었다. 한강 다리에 달린 사형대에는 참형에 처해진 신하의 머리 없는 시체가 때때로 사람들을 두려움에 떨게 했다."2)

이승만의 유년 시절에 대한 특별한 에피소드가 두 가지 있다. 하나는 영특함이다. 모친에게서 천자문을 배웠는데, 나이 여섯 살에 천자문을 모두 외워서 부모를 놀라게 했다. 그의 부모는 이웃 사람들을 초청해서 잔치를 베풀었다. 동네 사람들은 신동이 났다며 함께 축하했다.

천자문을 암송한 뒤, 이승만은 시인으로 첫 작품을 남겼다. 그에게 한시(漢詩) 짓기를 가르친 분 역시 어머니였다. 한시의 유명한 구절을 인용해서 지은 시는 비범한 재능을 보여준다.

바람은 손이 없어도 나무를 흔들고
달은 발이 없어도 하늘을 건너간다.

이제 막 천자문을 암송한 여섯, 일곱 살의 꼬마가 자연을 삼아 시를 지은 것도 놀랍고, 그 솜씨도 예사롭지 않다. 오영섭은 다음과 같이 평가한다.

"조선 초기에 김시습(金時習)이 5세의 어린 나이에 대궐에 들어가 '성주(聖主)의 덕은 황룡이 푸른 바다 가운데서 번득이는 듯하네' 라는 댓구를 지어 유명해진 것처럼, 이승만은 이 시구를 통하여 자신의 비범성과 문학적 재능을 그대로 드러냈다.3)

또 하나는 시력을 잃을 뻔한 위기이다. 여섯 살 때 천연두에 걸렸다가 회복되었는데, 그 후 "빨갛게 달군 쇳덩어리가 양쪽 눈을 찌르는 듯한" 심한 통증을 느꼈다. 빛이 눈동자에 들어올 때마다 아픔을 느꼈기에, 두터운 보자기로 눈을 덮어야했다. 재래식 의술로는 고칠 수 없는 병이었다. 이승만의 부모는 수소문 끝에 서양 의술을 배운 일본 의사를 찾아갔다. 아마도 당시 한양에 와 있던 일본 임시 공사관의 군의관이었을 것으로 추측된다.

의사는 안약을 주며 하루에 몇 방울씩 넣으라고 당부했다. 그 지시를 그대로 따르자 불과 사흘만에 씻은 듯이 나았다. 하마터면 6대 독자의 눈을 잃을 뻔한 부모는 가슴을 쓸어내리며 안도했다. 너무나 감사해서 의사에게 들고 간 것이 달걀 두 꾸러미, 가난한 부모의 절절한 마음이 담긴 선물이었다. 의사는 웃으면서 아이에게 더 필요할 테니 아들에게 먹이라고 돌려보냈다.

이것이 이승만과 서양 문명의 첫 번째 만남이었다. 이한우는 이 사건을 특별하게 표현한다. "이승만의 무의식에 서구의 과학 기술에 대한 신뢰로 남아있었을 것이다."[4] 재래 의술로 고치지 못해서 행여 눈이 멀지 않을까 걱정하며 아파하던 아이가 서양 의술로 깨끗하게 낳았으니, 당연히 강렬한 인상을 받았을 것이다. 서양 의학은 이승만의 눈을 뜨게 했고 훗날 그는 그 의학을 낳은 문명을 향하여 한국인들의 눈을 뜨게 했다.

이승만의 유년이 보여주는 특징은 집중력이다. 노래 공부, 연날리기, 나비 그리기 등 재미있는 놀이와 함께 즐겁게 자라났던 소년에게는 한 가지에 몰두하는 습관이 있었다. 서당 선배 신긍우의 권유로 동양의 고전 「삼국지」를 손에 잡자, 완전히 그 속에 빠져버렸다. 그 뒤에도 「수호전」, 「서상기」, 「전등 신화」 등에 계속해서 매료되었다.

부모와 스승들은 이승만이 과거 준비를 위한 학과에 전념하기를 기대했다. 따라서 학과 이외의 다른 책들을 읽으려면 그들의 눈을 피해야 했다. 이승만은 청지기의 집에 숨어가면서 책들을 독파했다. 그 외에도 어린 시절 '꽃귀신에 반한 녀석', 나비 그림에 미친 '이나비' 등으로 불렸던 것을 보면 꽃이나 나비 같은 자연에도 푹 빠질 만큼 감성이 풍부했던 것 같다.

서정주는 이렇게 묘사한다. "그의 모든 열중은 한번 시작되면 마치 흠뻑 무엇에 반한 것과 같았고, 또 사실로 그는 모든 것에 반할 수 있는 성격을 갖춘 소년이기도 했다."[5]

집중력은 모든 성취의 기초가 된다. 훗날 다방면에 걸쳐서 탁월하게 발휘된 이승만의 능력은 오랜 집중력으로 쌓아올린 다양한 학습의 결과였다.

한학(漢學) 공부와 과거 시험

이승만은 퇴직한 관료였던 이근수(李根秀)가 세운 서당에 다녔다. 이근수는 사헌부 대사헌, 사간원 대사간 등 고위직을 지냈다. 을사조약 후에는 조약을 무효로 하고 을사오적을 처단할 것을 요구하는 항일 상소를 올리기도 했다. 그는 이승만과 같은 전주 이씨에 양녕 대군의 후손이었으며, 항렬을 따지면 이승만의 조카뻘 되는 인물이었다.

양반집 아이들 30여 명이 함께 배운 도동 서당에서는 뛰어난 선비들이 가르쳤다. 신동(神童)은 자라서 천재(天才)가 되었다. 이승만은 학생들 중에서 항상 학업 성취에서 수위를 차지했다. 열일곱 살 무렵에는 동양의 경전인 사서삼경(四書三經)을 모두 떼었다.

당시의 양반 자제들의 공부는 오로지 과거 시험을 위한 것이라고 말해도 과언이 아니다. 이승만은 부모의 기대를 한 몸에 받으며 계속해서 과거에 응시했다. 하지만 결과는 항상 낙방이었다. 신동에서 천재로 자라났지만, 시험에는 운이 없었을까? 아니면 그보다 더 뛰어난 천재가 조선 팔도에 많았을까? 꼭 그렇지만은 아닌 듯하다.

이승만이 과거에 도전했던 어느 해, 15만 8578명의 응시자 가운데 급제자는 겨우 5명이었다. 지금도 한국에는 "입시 지옥"이라는 말이 있지만 그 지옥의 역사는 깊고 오랜 것이었다. 높은 경쟁률보다 더욱 심각했던 것은 부정부패였다. 조선왕조 말엽, 과거 제도 자체가 썩을 대로 썩었다.

권문 세가에서 태어나지 않았다면, 과거 급제는 꿈같은 일이었다. 이승만과 같이 가난하고 힘없는 청년들에게는 거의 가능성이 없었다. 시험 답안지는 보지도 않고 덮어버리는 것이 예사였고 급제는 모두 시험관에게 바치는 금품으로만 팔렸다.

어려서는 신동이요 제법 자란 후에는 천재로 불리웠던 이승만이, 부모와 스승, 동료들의 기대를 한 몸에 받고 과거장에 갔다가, 돌아서는 발길은 언제나 처량했다. 당시에는 해가 저물면 한양으로 향하는 사대문의 문을 잠갔다. 문이 잠기면 사대문 밖에 사는 응시생들은 오갈 데가 없게 된다. 그들을 위해서 과거 응시자에 한하여 밤중에 성벽을 넘는 것이 허락되었다.

경복궁 앞에서 시험을 치르고 남대문까지 걸어와서 다시 성벽을 타고 넘어 도동골까지 돌아가는 길은 지치고 피곤했다. 열일곱 살이 되던 날, 이승만은 남문의 성벽을 넘다말고 무심코 걸터앉았다. 꽤 오랜 시간, 갈피 없는 생각에 잠겼다. 점점 노쇠해가는 아버지, 관직을 사고팔며 협잡(挾雜)에만 기울어지는 조정, 기약이 없는 장래...

유능하지만 길이 열리지 않은 젊은이에게, 깊은 밤과 타넘어야 하는 성벽은 그대로 걸터앉아 생각에 잠기기에 어울리는 시간과 장소였으리라. 꼬리에 꼬리를 무는 상념을 깨뜨린 것은 인기척과 놀란 소리였다.

이승만이 살펴보니 앞 못 보는 사람 둘이서 손으로 더듬어가며 성을 올라오다가 무엇인가에 놀랐는지 "어? 어?" 하며 소리치고 있었다. 이 순간의 심정을 훗날 이승만 대통령에게서 자세히 들은 서정주가 전한다.

"이승만은 하도 어이가 없어서 얼결에 큰 웃음을 쳤으나 그 다음 순간그는 까닭도 모르게 설움이 복받쳐서 견딜 수가 없었다. 똑똑히 그 뜻을알 수 없지만, 이 밤과 이 성벽과 이 장님과 그 소리는 마치 자기 자신과같고, 자기 입안 일과 조정의 일과 같고 또 조선의 일과 같은 일종의 절망감에 붙잡혔던 것이다."6)

이승만을 절망하게 했던 과거 제도는 1894년 역사 속으로 사라졌다. 갑오경장으로 추진된 개혁으로 과거가 폐지된 것이다. 무려 천년 세월을 유지했던 과거제의 폐지는 수많은 "예비 관료군"을 동요하게 했다. 실제로과거 급제를 염원해마지 않았던 이승만은 과거 폐지가 "전국 방방곡곡에묻혀있던 야망적인 청년들의 가장 고귀한 꿈을 산산이 부수는 조치"라며아쉬워했다.

하지만 다른 한편으로는 차라리 잘되었다는 마음도 들었다. 임오군란,갑신정변, 동학운동으로 이어지는 격변의 세월을 겪으며 이승만은 조선의전통적인 방식에 한계를 느꼈다. 나라가 제대로 되려면, 무언가 새로운계기가 있어야 한다는 생각도 들었다.

비록 과거에 합격하지는 못했지만, 한학(漢學) 공부는 그의 평생에 지울수 없는 영향을 남겼다. 사서삼경에 능통하고 동양 역사와 한시(漢詩)에도뛰어난 일류 수준의 동양 지식인으로 성장할 수 있었기 때문이다. 그의유학 공부는 당대 최고 수준이었다.

당시는 동양과 서양이 운명처럼 교차하던 시대였다. 시대와 운명은 동양에 정통해진 이승만의 발길을 서양으로 이끌었다.

배재학당(培材學堂), 운명의 갈림길

배재학당은 조선 최초의 서양식 교육 기관이었다. 감리교 선교사 아펜젤러가 1885년에 시작했을 때 학생 수는 단 2명이었다. 10년 뒤인 1895년에는 학생수가 100여명으로 늘어나 있었다. 과거를 준비하던 이승만의 동료들 가운데는 배재학당에 들어간 이들이 있었다.

이승만은 그들에 대해서 부정적이었다. 서당을 떠나 서양 학교로 간 사람들을 반역자로 간주했다. 동료들은 그에게 권유했다. "전보, 기차, 비행 기계 등 서양에서 발명된 온갖 놀라운 물건들에 대해 공부하는 것이 어떤가?"

이승만의 대답은 단호했다. "그들이 천상, 천하의 질서를 마음대로 바꿀 수 있어도 나는 내 모친의 종교를 절대 버리지 못한다."

절대로 떠나지 않겠다는 그였지만, 친구들은 포기하지 않았다. 특히 어린 시절부터 친구였던 신긍우, 신흥우 형제가 집요했다. 결국 이승만은 배재학당에 발을 들여놓게 된다.

친구 따라 강남 가듯이, 친구들에 의해 학교를 바꾼 정도의 사건이었는데, 그 파장은 엄청났다. 그 일로 이승만의 일생은 물론 이 나라의 역사 전체의 흐름이 바뀌게 된다. 물론, 그 당시에는 설득하는 신씨 형제들이나 설득된 이승만이나 얼마나 엄청난 일이 시작되었는지 알지 못했다. 세상을 불사르는 거대한 불길도 작은 불꽃에서 시작하는 법이다.

배재학당에 들어감으로써 이승만은 서양을 만났고 민주주의를 만났고 그것이 인연이 되어 기독교를 만나게 된다. 배재학당은 일개 한학자나 관료로 일생을 끝마칠 뻔했던 유생(儒生) 이승만을 서구 지향의 근대적 개혁

가 - 혁명아로 개조시켜 놓은 용광로가 되었다.7)

강철같이 고집을 부리는 사나이를 용광로로 밀어 넣은 것은 집요한 우정이었다. 시인 서정주의 표현은 비유가 아닌 직설이다. "참으로 무서운 것은 아니, 참으로 위대한 것은 이 우정이었다."8)

당시의 배재학당은 한국인, 서양인, 일본인, 청국인이 두루 섞여 배우고 가르치는 국제 학교였다. 조선인들로 하여금 "서양 문명에 눈을 뜨게 한 별천지"였다. 하지만 그때는 조상의 제사를 지내지 않는다는 이유로 수많은 천주교도들이 학살당했던 시기로부터 불과 30여년도 지나지 않았을 무렵이었다. 대다수 조선인들은 생소한 서양 문명과 종교에 대해서 오해와 편견을 가지고 있었다.

이승만도 예외는 아니었다. 그는 서양 학교를 "이상한 약을 먹여 하늘이 노할 사악한 사상을 가르치는 곳"으로 의심하고 있었다. 그가 특히 경계했던 것은 기독교 예배였다. 아침 예배에 나오라는 말을 들었을 때 '거기서 뭔가를 먹이거나 마시게 하는 것은 아닌가?' 하는 의심이 발동했다.

하지만 다행히 이상한 약은 먹이지 않았다. 그는 예배에서 아펜젤러의 설교를 들었다. 난생 처음 참석한 예배에서 최초로 기독교의 설교를 들은 소감을 이승만은 훗날 다음과 같이 회고했다.

"나는 주의 깊게 들으려고 하지도 않았지만, 들은 것이 있다면 그것은 비판을 하기 위해서나 혹은 반박을 하기 위해서였다. 그러나 나의 관심을 끄는 한 가지 이상한 사실은 1900년 전에 죽은 한 인간이 내 영혼을 구원해줄 수 있다는 것이었다.

'이 사람들은 온갖 놀라운 일들을 한 사람들이라고 알려져 있는데, 어떻게 그런 우스꽝스러운 말을 믿을 수가 있단 말인가. 아마 그들은 자신들은 믿지 않으면서 무지한 사람들만 그런 것을 믿게 하기 위해 여기에 와 있을 거야. 그러니 가난하고 무지한 사람들만 교회에 가는 것은 놀랄 일이 아니지. 위대한 부처님의 진리와 공자님의 지혜로 무장된 학식 있는 선비라면 저런 말은 절대 믿지 않을 거야 라고 혼자 중얼거렸다."9)

기독교는 터무니없는 것이었지만, 영어는 필요했다. 이승만은 발전된 미국의 문물을 받아들여야겠다는 생각에 영어 공부에 몰두했다. 어려서부터 발휘되어왔던 천재성은 영어 습득에서도 빛을 발했다. 불과 6개월 만에 배재학당의 영어 교사로 임명된 것이다.

영어 학원이나 테이프는 물론, 사전조차 없던 시대에 6개월 만에 영어를 마스터하고 교사까지 된 것은 신기에 가까운 성취였다. 이때부터 영어는 그의 일생에 소중한 도구요 무기가 된다.

민주주의에 눈뜨다

1896년, 역사의 물줄기를 바꾸어놓은 인물이 배재학당에 부임했다. 개화파의 선구자였던 서재필(徐載弼)이 12년 만에 귀국한 것이다. 김옥균을 비롯한 개화파들의 쿠데타인 갑신정변이 실패로 끝난 뒤, 그는 역적으로 몰렸다. 그의 가족들은 처가와 외가까지 모두 처형당했다. 일본으로 도피했던 서재필은 천신만고 끝에 미국으로 건너갔다. 그곳에서 워싱턴 대학 의학부를 졸업하고 미국 시민이자 의사가 되어 미국인 부인과 함께 귀국한 것이다.

서 박사는 한동안 장안의 명물이었다. 그가 '실크 해트'에 '모닝'을 입고 그의 색다른 부인과 같이 길거리를 걸어 다닐 때는 늘 몇 십 명씩의 구경꾼이 그 뒤를 졸래졸래 따라다닐 정도로 그는 유명 인사가 되었다.

서재필은 학생들에게 새로운 세계를 열어주었다. 미국과 성경과 서양 역사 등 새로운 지식이 그에게서 쏟아져 나왔다. 이승만을 배재학당으로 이끌었던 신흥우에 의하면, 이때 서재필에게 태어나서 처음으로 '민주주의'라는 말을 들었다고 한다.

갑신정변의 혁명가답게, 서재필은 배재학당에서 혁명적인 시도를 한다. 조선 학생들에게 미국의 고등학교에서 배운 토론을 훈련시킨 것이다. 그가 주도한 토론 모임이 협성회(協成會)이다. 협성회의 진행 방식은 먼저 토론의 주제를 정한다. 그리고 두 팀으로 나누어서 한 팀은 찬성, 한 팀은 반대하는 연설을 하게 했다.

당시에는 토론 문화는 물론, 토론에 관련된 용어 자체가 없었다. 쟁점 사항을 전체 투표에 회부한다든지, 의장의 결정에 이의를 제기한다든지 하는 개념도 없었다. 그런 시절에 시작된 협성회는 조선에서 처음으로 조직된, 의회에 가까운 모임이었다.

협성회가 조직될 때, 이승만은 창설 멤버 13인 중의 하나였다. 훗날 그는 서기를 맡고 회장도 되는 등, 협성회의 주요 멤버로 활약했다.

토론의 주제는 처음에는 비(非)정치적인 것으로 시작했다. '배재 학당에서 한복을 입을 것인가 아니면 서구식 옷을 입을 것인가', '부녀자의 교육이 필요한가', '체력 운동이 필요한가' 등등이었다.

토론이 열기를 더해가고 참가자들의 실력도 늘어가면서, 주제는 점차 정치색을 갖게 되었다. 24회에는 '한국에서 상하 양원을 둔 의회제를 성립해야 한다', 27회에는 '각종 정부 기관에 고용된 외국인 고문관들은 해고되어야 한다'는 주제가 선정되었다.

토론회의 주제들 가운데 주목할 만한 것은 "우리나라 종교를 예수교로 함이 가함"[10]이다. 이 때는 이승만이 기독교로 개종하기 전이었다. 하지만 기독교가 갖는 개화(改化)의 위력에 대해서는 깊이 공감하고 있었다. 훗날 그가 감옥에서 발전시키게 되는 "기독교 입국론"의 씨앗은 협성회 시절부터 심겨졌다.

학생들을 위주로 진행되던 협성회는 점차 일반인도 참가하는 정치 토론의 장으로 발전해갔다. 이승만은 서재필의 가르침과 협성회의 활동에 매료되었다. 어릴 적부터 무엇 하나에 몰두했던 습관이 어김없이 발휘된 것이다. 그 시절에 대한 이승만의 회상을 소개한다.

"내가 선교사들이 운영하는 학교에 나가게 된 것은 오직 영어를 배우겠다는 일념 때문이었다. 영어를 배우겠다는 포부는 달성했지만 곧 영어보다 훨씬 중요한 것을 알게 되었다. 정치적 평등과 자유의 사상을 알게 된 것이다.

조선인들이 당하는 정치적 압제를 아는 사람이라면, 기독교 국가의 국민들이 통치자들의 압제로부터 보호받고 있다는 것을 처음 알게 된 내 가슴에 어떤 혁명이 일고 있었는지 쉽게 상상할 수 있을 것이다. 나는 스스로에게 말했다. '우리가 이런 정치 원리를 채택할 수만 있다면 고통에 처한 동포들에게는 대단한 축복이 될 것이다.'"[11]

배재학당 시절, 이승만의 절친한 친구로 주상호가 있다. 훗날 주시경(周時經)이라는 이름으로 널리 알려진 한글 학자이다. 그는 그때부터 우리글 연구에 열심이었다. 그래서 사람들 사이에선 이런 말이 떠돌았다. "주시경은 한글을 연구하러 배재학당에 다니고, 이승만은 정치를 하러 다닌다."

토론이 거듭되면서 참석자들의 자신감도 커졌다. 당대에 가장 앞서가는 학문을 배우고 웅변술, 토론법, 설득 기술까지 배웠으니 사기가 충천했음은 물론이었다. 게다가 계속해서 흔들리고 있던 조선의 운명은 젊은 피를 뜨겁게 했다. 그들은 사명감에 불타서 토론회를 거리로 끌고 나가야 한다는 주장을 제기했다.

협성회의 정치색이 분명해질수록, 난처해지는 쪽은 학교 측이었다. 배재학당을 이끌었던 선교사들은 선교 사역을 위해서 정부와 원만한 관계를 유지해야 했다. 그런데 정부 정책에 비판적인 학생들의 모임에 일반인들도 점차 가세하고 있으니, 부담스러울 수밖에 없었다.

정부 역시 곱지 않은 시선을 보내고 있었다. 아펜젤러 학장은 어쩔 수 없이 학생들에게 자제해줄 것을 여러 번 당부했다. 협성회는 자제하기보다 확장하는 쪽을 선택했다. 학교 측의 우려를 고려하여 아예 배재학당을 벗어난 대중적인 조직으로 변신한 것이다. 1896년 6월 7일 협성회의 이름은 독립협회(獨立協會)로 바뀌어졌다. 우리 근대사에 혁혁한 발자취를 남긴 독립협회의 탄생이다.

이승만의 영어 연설

1897년 7월, 배재학당의 학기말 종강행사를 겸한 졸업식이 열렸다. 그것은 장안의 화제가 된 이벤트였다. 오랫동안 은둔의 나라였던 조선에서 열리는 서양식 학교의 졸업식에 세간의 이목이 집중되었다.

그날의 행사에는 부득이하게 불참한 한 명을 제외한 당시 정부의 모든 판서(장관)들이 참가했다. 한양의 판윤(시장), 미국 공사와 영국 총영사를 포함한 외국 공사관의 장들을 위시해서 600여 명의 귀빈들이 자리를 가득 채웠다.

졸업식의 연사는 쟁쟁한 인물들이었다. 조선의 교육부 대신, 외무부 대신, 서재필, 미국 공사 등이 연단에 올랐다. 이 행사에서 만 스물두 살의 이승만은 한국 학생들을 대표해서 영어 연설을 했다.

그가 택한 주제는 "한국의 독립"이었다. 그는 당시의 조선인들에게는 들을 수 없었던 유창한 영어로 열변을 토했다. 청중들은 아낌없는 박수갈채를 보냈다. 그때부터 이승만은 젊은 애국자, 조선에서 제일 영어를 잘 하는 청년으로 유명해졌다.

배재학당의 학장이었던 아펜젤러가 편집한 영문 잡지 〈The Korean Repository (한국휘보)〉는 그날의 장면을 이렇게 보도했다.

"이승만의 연설은 전체 졸업식 프로그램 중 가장 야심적인 부분이었다. 영어로 된 독창적인 웅변이었다. 이제 막 피어나는 이 졸업생 대표는 '한국의 독립'이라는 주제를 선택했는데 이는 한국에서 처음 있는 대학 졸업식사의 주제로서 참으로 적절한 것이었다.

'이 나라의 독립만이 젊은이들이 받아온 훈련의 결과를 필요로 하는 일 터를 제공할 것이다. 국가의 독립은 실질적이고 굳건하며, 영속적이어야 한다'는 연설이 행사에 활기를 불어넣어주었다. 이씨의 어법은 상당히 좋 았고, 그의 감정은 거침없이 표현되었으며 그의 발음은 똑똑했으며 명확 했다."

서재필의 〈독립신문〉 영문판도 호의적으로 보도했다.

"그는 한국과 중국의 과거의 관계를, 그리고 청일 전쟁을 통한 한국 독 립의 성취 과정을 되돌아보고, 한국이 현재 직면하고 있는 과제들과 위태 로운 사항에 대해 논의를 전개하였다. 그의 거침없는 말들은 관객들로부 터 열렬한 박수를 받았다."

협성회 회보와 고목가

이승만의 평생에는 '최초'라는 칭호가 따라다녔다. 그만큼 앞서갔던 선 구자였다는 증거이다. 오늘날에는 정치인으로서만 알려져 있지만, 사회인 이승만의 첫 발자취는 언론계에 남아있다.

1898년 1월, 주간지 〈협성회회보〉가 탄생했다. 그것은 한국인이 만든 최초의 신문이었다. 이승만은 주필로 활약하며 필봉(筆鋒)을 휘둘렀다. 그 의 개혁적인 정치의식은 탁월한 문장력으로 발휘되었다. 한편에서는 박수 갈채를 보냈지만, 그의 비판적인 논조를 우려하는 이들도 있었다. 이승만 자신의 목소리를 인용한다.

"나는 그 지면을 통해서 자유와 평등이라는 위험한 사상을 힘을 다해서 역설했다... 배재학당 교장 아펜젤러나 다른 사람들은 내가 급진적인 행동을 계속하다가는 목이 잘리게 될 것이라고 여러 번 충고해주었지만, 그 신문은 친러파 정부와 러시아 공사관의 위협으로 생겨난 여러 가지 고난과 위험을 겪으면서도 계속 발간되었다."

1898년 1월에 〈협성회회보〉의 발행 부수는 2천부였다.12) 당시로서는 획기적인 실적이었다.

1898년 3월 9일자 〈협성회회보〉는 우리 문학사(文學史)에 새로운 장을 열었다. 이승만의 시 고목가(枯木歌)가 실린 것이다. 문학에도 뛰어난 재능을 보여주었던 이승만이 평생 남긴 시는 한시(漢詩)가 대부분이다. 고목가는 그가 남긴 유일한 한글시이다.

이 시로 말미암아 이승만은 또 한번 '최초'의 지위를 획득한다. 조선 말엽의 개화 시기에, 전통적인 시가의 형태와 다른 새로운 시들이 탄생했는데, 이를 신체시(新體詩)라고 부른다. 우리나라 최초의 신체시는 최남선(崔南善)의 '해에게서 소년에게'로 알려져 왔다.

하지만 최남선의 작품이 〈해조신문〉에 실린 때가 1908년이고, 이승만의 '고목가'는 1898년에 〈협성회회보〉에 수록되었다. 따라서 한국 최초의 근대시, 신체시의 명예는 이승만의 '고목가'에게 돌려져야 한다.

한국 시인 협회장 김종해는 2004년 10월 24일자 〈중앙일보〉 인터뷰에서 다음과 같이 말했다. "1898년 〈협성회회보〉에 '고목가'가 발표된 것으로 미루어 1898년부터를 한국 현대시의 기점으로 잡을 수 있다."

우리의 건국 대통령은 한국 근대시의 개척자였던 것이다.

'고목가'라는 제목을 우리말로 풀면 "늙고 병든 나무의 노래"이다. 젊은 애국자가 본 늙은 나라를 향한 감상이다. 고목가는 1898년 3월 9일자 〈협성회회보〉에 실렸다.

슬프다 저 나무 다 늙었네 / 병들고 썩어서 반만 섰네
심악한 비바람 이리저리 급히 쳐 / 몇 백 년 큰 나무 오늘 위태

원수의 땃작새(딱따구리) 밑을 쪼네 / 미욱한 저 새야 쪼지 마라
쪼고 또 쪼다가 고목이 부러지면 / 네 처자 네 몸은 어디 의지(依支)

버티세 버티세, 저 고목을 / 뿌리만 굳박혀 반근(盤根)되면
새 가지 새 잎이 다시 영화(榮華) 봄 되면 / 강근(强根)이 자란 뒤 풍우 불외(不畏)

쏘아라, 저 포수 땃작새를 / 원수의 저 미물, 남을 쪼아
비바람을 도와 위망(危亡)을 재촉하여 / 넘어지게 하니 어찌할꼬

늙고 병들고 부러지고 썩은 나무는 망신창이가 되어갔던 대한제국을 가리킨다. 그렇지 않아도 쓰러져가는 나무를 쪼아대는 못된 딱따구리는 당시의 집권층이었던 친러파 수구 관료들을 지목한다. 고목을 흔들어대는 비바람은 나라를 위협하는 외세, 특히 러시아를 의미한 것으로 볼 수 있다.
　그러므로 고목가는 위태로운 현실을 묘사한다. 쓰러져가는 나무같은 대한제국을 못된 딱따구리같은 친러파 관료들이 쏘아대고, 러시아는 바람처럼 나무를 흔들어댄다. 나무를 지키려면 먼저 딱따구리부터 쏘아야한다.
　딱따구리를 쏘는 포수는 수구 세력과 대결하는 독립협회나 협성회의

개화파들로 볼 수 있다.

이처럼 "고목가"는 러시아의 앞잡이들을 제거하고 대한제국을 수호해야 한다는 내용이었다. 고목가를 지은 시심(詩心)은 피끓는 젊음의 애국심(愛國心)이었던 것이다.

시는 시인의 일생을 반영한다. 고목가 한 편에 이승만이 걸어온 길이 고스란히 담겨있다. 시의 소재는 중국 고전시에서 얻은 것으로 보인다. 〈시경(詩經)〉을 깊이 연구한 이승만은 〈시경〉에서 새를 비유 대상으로 삼아 시인의 처지와 시대의 상황을 노래한 많은 시들에서 영감을 얻었을 것이다.

또 고목가의 율조와 형식은 언더우드(Underwood) 선교사가 1894년에 펴낸 최초의 본격적인 찬송가집 〈찬양가〉 초판에 나오는 노래를 모방한 것이다. 따라서 고목가는 도동 서당에서 한시를 깊이 공부한 다음 배재학당에서 영어와 찬송가를 배운 이승만이, 동양의 소재와 서양의 형식을 절충하는 한편, 자신의 시작(詩作) 능력 및 한글 전용 의지를 가미하여 지은 시였다.13)

일간지 시대를 연 특종기자

〈협성회회보〉도 배재학당과 아펜젤러 학장에게 부담을 주었다. 날카로운 논설이 정부를 자극하여 선교사들은 조마조마한 심정이었다. 아펜젤러는 신문의 내용을 부드럽게 할 것을 당부했지만, 열혈 청년들은 이를 받아들이지 않았다.

결국 〈협성회회보〉는 협성회와 비슷한 수순을 밟았다. 협성회가 배재학당의 울타리를 벗어나 독립협회로 성장한 것처럼, 〈협성회회보〉는 〈매일신문〉으로 발전했다. 여기에서 또 한번 '최초'가 등장한다. 1898년 4월 9일에 창간된 〈매일신문〉은 한국 최초의 일간지였다. 주간지가 일간지로 성장해나간 것은 그만큼 반응이 좋았다는 뜻이다. 매일 신문을 발간해도 된다고 판단할 정도로, 제작진들은 자신감으로 충만했다.

이승만은 〈매일신문〉의 사장 겸 주필이었다. 이로써 이승만은 '한국 최초의 일간 신문 편집자'가 되었다. 그는 우리나라에 일간지 시대를 여는 역사적인 역할을 했다. 이제는 사소해진 것이, 역사에서는 중요하게 취급되는 경우가 많다. 요즘에야 날마다 신문이 배달되는 것이 당연하지만, 그 당시에는 역사에 기록될 만한 새로운 사건이었던 것이다.

신문은 시대의 거울이다. 당시의 상황에 대해서 지식인 윤치호는 다음과 같이 증언했다.

"몇 백 달러나 몇 병의 샴페인 혹은 맥주 몇 병만으로도 일본 사람, 혹은 러시아인, 아니 누구든지 한국 내에서 가질만한 가치가 있는 것에 대해 이권을 살 수가 있다."

윤치호의 글은 약간 과장된 것이다. 하지만 그 시대의 부패는 심각했다. 정부는 백성들에게는 무자비하면서도 외세에 대해서는 무능력했다. 한반도의 각종 이권은 허술하게 외국으로 넘겨졌다. 우리 땅에 와있던 외국인들의 행패도 극심했다.

〈매일신문〉은 그와 같은 현실을 고발했다. 우리 언론의 역사에 대한 연구자로 손꼽히는 정진석(鄭晉錫)은 "〈매일신문〉은 외세에 저항하는 한국 신문의 전통을 확립하는데 선구적인 역할을 수행"했다고 말한다.[14]

〈매일신문〉은 1898년 5월 16일자 1면에 러시아와 프랑스가 이권을 요구한 외교 문서를 폭로했다. 러시아는 목포와 진남포 조계지의 사방으로 10리를 차지하려고 했고 프랑스는 평양의 석탄광을 채굴하여 경의선 철도 부설에 사용하려고 했음을 보도했다.

이 기사는 백성들에게 충격을 주었다. 즉각 독립협회가 들고 일어났다. 정부 측에 사실을 밝혀줄 것을 요구했다. 독립협회는 질의서에서 "본국의 땅은 선왕의 강토요, 인민의 생업하는 땅인데, 이를 어떻게 처리할 것인지 알아야겠다"고 항의했다.

〈매일신문〉의 보도와 독립협회의 항의로 여론이 들끓자, 러시아와 프랑스도 가만히 있지 않았다. 그들은 정부 측에 외교 문서가 유출된 경위를 따지며 관련자의 처벌을 주장했다. 그네들 열강에게 〈매일신문〉은 매우 거슬리는 존재였다. 당시의 외국 공관은 정부 대신들보다도 신문을 더 꺼리게 되어 '군사 몇 만 명보다도 더 어렵게' 여길 정도였다.[15]

〈매일신문〉은 혁혁한 발자취를 남겼으나, 경영상의 문제로 곧 발행을 중단했다. 이승만은 곧이어 1898년 8월 〈제국신문〉을 창간했다. 이로써 이승만은 1898년 한 해 동안 〈협성회 회보〉, 〈매일신문〉, 〈제국신문〉을 모두 창간하는 희한한 업적을 이루었다. 한 해 동안 무려 3개의 신문을 창간한 기록은 아마도 영원히 깨지지 않을 것이다.[16]

〈제국신문〉은 조선을 합병한 일제가 모든 한국 신문을 폐지시켰던 1910년 8월까지 12년을 존속했다. 그 시기의 대표적인 신문으로 〈황성신문〉과 〈제국신문〉을 들 수 있다. 〈황성신문〉은 주로 지식인 계층을 대상으로 하여 한자와 한글을 겸용했다. 〈제국신문〉은 한문을 모르는 상민과 부녀자들을 위하여 한글 전용을 선택했다. 여기에서도 이승만의 대중적인 노선을 엿볼 수 있다.

특이한 점은 두 신문의 편집인들이 모두 배재학당과 독립협회에서 서재필의 영향을 받은 이들이라는 점이다. 개화파 지식인들에 대한 서재필의 영향을 단적으로 보여주는 사례이다.

불의한 시절, 정의파 언론인 이승만은 붓의 힘으로 싸웠다. 1898년 8월 30일자 〈제국신문〉에는 기자 이승만의 특종 기사가 실렸다. "대한사람 봉변한 사실"이다.

"일인(日人)이 수교에서 배를 사서 껍질을 벗길 새 옆에 앉은 대한 사람 하나가 침을 잘못 뱉다 일인의 옷에 떨어진지라. 일인이... 장동 사는 강흥 길을 집탈하여 가지고 배 벗기던 칼로 강가를 찔러 다행히 중초(中焦, 심장에서 배꼽 사이)는 상하지 아니하였으나 바른편 손을 찔러 유혈이 낭자한지라..."

침을 뱉었다고 칼로 찔렀으니, 우리나라에 와 있던 일본인들의 행패가 얼마나 심했는지를 그대로 보여준다. 이승만이 비분강개(悲憤慷慨)한 것은 단순히 칼로 찔렀다는 사실만이 아니었다. 한국인이 칼에 맞았지만 한국 순검은 수수방관할 뿐이었다. 대조적으로 일본인 순사가 와서 오히려 피해자인 한국 사람을 자신들의 경찰서로 연행했다.

현장에 있던 군중들은 격분하여 일대 소동이 벌어졌고, "칼질한 놈을 우리가 보는 앞에서 처벌하라"고 요구했으나, 아무 소용이 없었다. 기자 이승만은 〈제국신문〉의 4페이지 가운데 2페이지 반을 할애하여 이 사건을 소상히 보도했다.

"그날 밤에 수백 명이 대한 경무처에 가서 들어가 억울하고 원통함을 하소연(呼冤)하려 한즉, 그곳 있는 순검들이 다 살아서 소리도 크게 질러 감히 가까이 오지 말라 하거늘, 백성들이 소리 지르기를 이날 백성이 이 나라 경무청에 와서 호소하려 하는 것을 어디로 가란 말이오..."17)

우리 백성이 우리 땅에서도 보호받을 수 없었다. 우리의 관리들조차도 칼을 휘두르는 외국인들 앞에서 꼼짝을 못했다. 나라는 점점 기울어가고 있었다.

독립협회와 만민공동회의 투사

독립협회가 남긴 빛나는 발자취 중에 으뜸으로 손꼽히는 것이 만민공동회(萬民共同會)이다. 만민공동회는 시민, 독립협회원, 관료 등이 참여한 대중 집회이다. 당시 조선을 좌지우지하던 외세, 특히 러시아를 비판하고 자주 독립을 외치는 여론을 만들어냈다.

만민공동회의 중요성은 명단에서도 확인된다. 만민공동회에서 활약하던 독립협회 간부들의 명단에는 훗날 상해 임시 정부는 물론, 다양한 민족운동의 선두에 섰던 인사들의 이름이 거의 포함되어 있다.18) 독립협회가 이 나라 독립 운동의 진원지 역할을 한 것이다.

1898년 3월 15일의 만민공동회는 한국 정부가 러시아에 이양했던 이권의 취소를 요구했다. 우리 내정(內政)에 간섭하는 러시아 고문들을 파면하고 우리 경제를 침탈하는 한로은행(韓露銀行)을 해체할 것을 요구하는 시위였다.

당시로서는 엄청난 숫자인 만여 명의 군중 앞에 등장한 연설가는 이승만이었다. 이승만은 탁월한 언변으로 청중을 사로잡았다. 그리고 군중의 대표 자격으로 외무 장관에게 항의 서한을 보냈다. 강력한 민심(民心)을 목격한 러시아는 독립협회의 요구를 받아들였다. 러시아 고문들을 철수시키고 한로은행(韓露銀行)을 폐쇄시켰다. 청년 이승만은 자신감으로 충만했다.

그러나 수구파의 반격도 만만치 않았다. 고종 황제와 친러파 정권은 1898년 11월 4일, 눈엣가시처럼 여기던 독립협회 지도자 17명을 체포했다. 군주제를 폐지하고 공화정을 도입하려고 했다는 역적 혐의었다. 독립협회의 3대 회장 윤치호와 회원들은 도피하여 잠복에 들어갔다.

하지만 행동파 이승만은 숨으라는 권유를 뿌리치고 경무청 앞으로 달려갔다. 수천 명의 군중이 그를 따라갔다. 이 날 이승만은 또 한번 '최초'를 기록했으니, 최초의 서양식 연좌 농성이다. 그를 우리나라 최초의 "운동권"이라고 불러도 무방할 것이다.

경무청 앞에 집결한 군중들은 이승만의 지도에 따라 연좌 농성을 벌이며 구호를 외쳤다. "독립지사들을 전원석방 하라. 국왕이 약속한 개혁을 실천하라."

이승만을 아끼는 이들은 위험한 행동을 만류했다. 아버지까지 찾아와 그의 손을 붙잡고 눈물을 글썽이며 말했다. "승만아, 너는 6대 독자라는 것을 기억해라." 그래도 이승만은 흔들리지 않았다.

군중 속에는 갖가지 유언비어가 난무했다. 국왕이 시위대 사살 명령을 내렸다느니, 고종이 이승만에게 고위직을 제의했고 뇌물까지 주었다느니하는 뜬소문이 떠돌았다. 실제로 왕실 측근들이 찾아와 회유 공작을 펴기도 했다.

이승만은 날마다, 쉴 새 없이 연설을 계속했다. 밤이면 모닥불을 피워 놓고 시위대를 향하여 요구가 관철될 때까지 흩어지지 말라고 외쳤다. 여기에서 이승만을 대표하는 구호가 탄생했다. "뭉치면 살고 흩어지면 죽는다!"[19]

그로부터 48년이 지난 뒤, 기나긴 망명 생활에서 돌아온 칠순(七旬)의 이승만이 해방된 조국을 향하여 제 일성(一聲)으로 외친 바로 그 말이었다.

집권층은 무력 진압을 시도했다. 추위와 배고픔과 졸음에 시달리는 시위대 앞에 군악대를 앞세운 군부대가 나타났다. 연설하던 이승만은 그대로 돌진했다. 군인들을 발로 차며 "돌아가라"고 외쳤다. 다음날의 신문은 이승만 앞에 '싸움패'라는 별명을 붙였다. 동양과 서양의 학문에 두루 정통했던 이 나라 최고의 지식인이 싸움패가 되어야 했던, 어려운 시절이었다.

이때 수구파 정부는 무력 사용을 여러 차례 시도했지만, 외국 사절들의 반대로 실행하지 못했다. 5일간에 걸친 투쟁의 승리자는 이승만과 시위대였다. 고종은 구금된 독립협회 지도자 17명을 석방했다. 이승만은 훗날 기록한 〈청년 이승만 자서전〉에서 이 장면을 자랑스럽게 회고했다.

"그 밤에야말로 나는 참으로 득의충천했다. 민주주의를 위한 위대한 승리를 이룩하였던 것이다."[20]

사기가 오른 이승만은 한 걸음 더 나아갔다. 고종 황제는 말 바꾸기의 명수였다. 개화파에게 여러 번 개혁을 약속했지만, 말 뿐이었다. 이승만은 고종이 독립협회에게 약속한 개혁 방안인 헌의 6조의 실천을 요구했다. 이를 괘씸하게 여긴 고종 황제와 수구파는 본때를 보여주기로 작정했다. 수구파가 동원한 물리력은, 유서 깊은 보부상들이었다.

보부상(褓負商)은 보따리에 물건을 싸서 들고 다니는 보상(褓商, 봇짐장수)과 등에 지고 다니는 부상(負商, 등짐장수)를 합한 말이다. 오늘의 시각에서 보면 대수롭지 않은 행상 정도로 여겨진다. 하지만 도로와 운송 수단이 발전하지 못했던 시대에, 그들의 역할은 결코 작지 않았다.

조선에서는 국가가 전국적인 조직망을 통해서 보부상들을 보호하는 한편, 국가적 과제에 동원하기도 했다. 예를 들어 임진왜란과 병자호란 당시, 군량을 운송하는 중요한 업무에 보부상들이 동원되었다. 동학혁명 당시에도 관군으로 동원되어 혁명군과 싸우기도 했다.

대한제국 시기에 보부상은 황국협회(皇國協會)라는 조직으로 결성되어 있었다. 물건을 들고 혹은 지고 먼 거리를 이동해야했던 만큼, 보부상들은 강건한 사나이들이었다. 국가의 물리력으로 동원될 만큼 전투력이 뛰어나기도 했다. 고종 황제는 독립협회의 시위 현장에 그들을 투입했다.

1898년 11월 21일 이승만이 왕궁 앞에서 연설하고 있을 때, 보부상들이 습격했다. 치고 박는 유혈극이 벌어졌다. 보부상들의 선두에는 두목 길영수가 있었다. 위급한 순간을 이승만은 다음과 같이 회고했다.

"길영수가 인솔하는 보부상들이 서대문으로 들어와서 우리의 집합 장소에 도달하자, 공동회에 모였던 사람들의 대부분은 반대 방향으로 뛰기 시작했다. 나는 길영수가 보부상들의 선두에 서서 따라오는 것을 보자 흥분하여 자제를 잃고 그에게 달려가서 발로 힘껏 차버렸다. 그랬더니 어떤 사람이 나를 두 팔로 꽉 껴안고는 '이승만 씨, 진정하고 빨리 달아나시오'

한다. 내가 뒤를 돌아보았더니 나는 적들의 가운데 혼자 있었다.

나는 보부상들이 밀려오는 쪽으로 가서, 그들이 길을 막아놓은 작대기를 차버리고 배재학당 쪽으로 걸어갔다. 시골에서 온 보부상 장사들은 나를 알지 못했거니와 내가 그들 속을 그렇게 걸어갈 것이라고 생각도 못했을 것이다. 내가 만일 남들이 달아난 쪽으로 가려고 했다면 그들이 나를 알아 보았을 것이다.

이 모든 일은 순식간에 일어난 일이었다. 나 자신 무엇을 하고 있는지 의식할 새도 없었다. 이때도 '보이지 않는 그의 손'이 나를 인도해서 구원해준 것이 틀림없다."

길영수와의 격투에서 맞아죽지 않은 것을, 훗날 이승만은 하나님의 은혜로 기억했다. "보이지 않는 손"이 그를 보호했다고 기록했다. 그에게도 보이지 않았으니, 다른 이들에게는 알려질 수도 없었다. 신문에는 이승만이 길영수에게 덤벼들었다가 맞아죽었다고 보도되었다.

시위를 앞장서서 이끌던 리더가 한바탕 유혈 폭풍이 지난 뒤에 보이지 않으니, 충분히 죽었다고 생각할 만했다. 동지들은 눈물을 흘렸다. 그들이 통곡하는 가운데, 말짱한 모습으로 이승만이 나타났다. 너무나 놀란 동료들은 그가 얼마나 상했는지 알아보려고 몸을 만져보기도 했다.

거듭된 난투극은 죽음을 불렀다. 독립협회의 김덕구가 보부상에게 맞아서 사망했다. 그의 장례식에 또다시 수천의 군중이 운집했다. 군중의 규모에 놀라고 물리적인 진압으로 한계를 느낀 고종 황제는 사태를 무마하고자 했다.

황제는 독립협회장 윤치호와 황국협회 수령 길영수를 불러놓고 정부를 개혁하고 독립협회원들을 함부로 체포하지 않겠다고 약속했다. 고종은 이미 여러 번 약속을 어겨서 신뢰를 잃었기 때문에, 약속을 지킨다는 보증으로 외국의 사절들이 자리를 지켰다. 고종이 직접 증인으로 외국인들을 불렀다고 말했다. 황제 스스로 자신의 말을 믿어달라며 외국인들을 증인으로 세울 정도였으니, 나라의 체면과 황제의 체통이 말이 아닌 지경이었다.

'보이지 않는 손'의 도우심으로 살아났지만, 이십대의 유혈 충돌은 이승만의 내면에 지워지지 않는 흔적을 남겼다. 이승만은 보부상들의 험상궂은 얼굴과 그들이 지니고 다니던 길고 굵은 몽둥이를 오랫동안 기억했다.

제 **2** 장

한성 감옥,
그 생지옥에서 만난 하나님

▲ 1903년 한성감옥에서 '복당동지'들과 함께. 왼쪽 중죄수 복장이 이승만. 앞줄 오른쪽부터 김정식, 이상재, 유성준, 홍재기, 강원달. 뒷줄 오른쪽부터 부친 대신 복역했던 소년 안국선, 김린, 유동근, 이승인(이상재의 아들)
― 〈이승만건국대통령기념사업회〉 제공 ―

제 **2** 장

한성 감옥, 그 생지옥에서 만난 하나님

역적이 되어 고문당하다

뜨거운 젊은 날에 노련하기는 쉽지 않다. 천재 이승만도 예외는 아니었다. 동양 학문의 정수를 맛보고 6개월 만에 영어를 마스터하고 뛰어난 글과 말과 용감한 행동으로 명성을 떨쳤지만, 그는 여전히 이십대 초반이었다.

양쪽이 첨예하게 대치한 상황에서 노련하다는 것은 상대방을 너무 자극하지 않는다는 것을 의미한다. 이쪽이 우세한 상황이라면, 방심하지 않는 것을 뜻한다. 더군다나 상대가 '나랏님'이라고 일컬어지는 황제였다면, 더욱 조심했어야 했다. 세상 사람 모두를 아랫것으로 보는 황제가 상황에 밀려 어쩔 수 없이 요청을 들어주는 상황은 더더욱 위험했다. 노여움에 찬 황제가 언제 반격을 가할지 모르기 때문이다.

하지만 이십대 초반의 젊은이에게 그 정도의 노련함까지 기대하는 것은 지나치다. 물불 가리지 않는 이승만은 결국 위험한 선을 넘었다.

1898년이 저물어가던 12월 말, 이승만은 당시로선 '하늘을 거역하는' 엄청난 거사에 가담한다. '유약(柔弱)하고 몽매(蒙昧)한' 고종 황제를 폐위시키고 그 대신 의화군(義和君) 이강(李堈)을 새 황제로 추대하면서 박영효(朴泳孝) 중심의 강력한 개혁정부를 수립하려던 쿠데타 음모에 참여한 것이다. 이승만은 일본에서 밀입국한 이규완(李圭完), 황철(黃鐵) 등 박영효 지지 세력과 접촉하였다. 하지만 음모가 사전에 누설되면서 지명수배 되었다.

이승만은 급히 배재학당으로 도피했다. 서양 선교사가 세운 곳이어서 일종의 치외법권(治外法權) 지역이었기 때문이다. 잠복 18일째인 1899년 1월 9일, 미국인 의사 셔먼(Harry C. Sherman)이 왕진에 나섰다. 한국인을 치료하러 가는 길에 통역이 없다는 말을 듣고 도피 생활에 좀이 쑤시던 이승만이 따라나섰다.

나름대로 순검의 눈을 피한다고 했겠지만, 그는 곧바로 체포되었다. 1898년, 파란만장한 한 해였다. 드라마와도 같은 이승만의 대중 운동은 불꽃처럼 일어났다가 연기처럼 소멸했다.[21]

서양 의사를 돕다가 체포되었으니, 선교사들은 미안한 심정을 금할 수 없었다. 그들은 이승만을 돕기 위해 백방으로 노력했다. 미국 공사와 경무청의 고문관은 고문이나 부당한 형벌을 막기 위해 매일 같이 면회를 왔다. 외교관과 선교사들의 노력으로 이승만이 심각하지 않은 정도의 처벌을 받고 풀려날 가능성도 있었다.

하지만 이승만은 선교사들의 도움을 받는 것이 '독립정신에 위배'된다고 생각했다. 더군다나 감옥 밖에는 수천 명의 군중이 자신의 연설을 듣고 지도를 받기 위해 기다린다고 믿었다. 젊은이다운 자존심과 독립심,

공명심의 발로였다. 함께 투옥된 최정식, 서상대도 탈옥을 부추겼다. 이때 배재학당의 절친한 동료였던 주시경이 육혈포(권총) 2정을 감옥을 밀반입시켰다.

영화같은 장면으로 전개된 탈옥 작전은 허무하게 끝났다. 1월 30일, 이승만 일당의 탈옥은 실패했다. 역적에다가 탈옥까지 시도했으니, 이제 이승만은 악형(惡刑)을 피할 수 없었다. 다시 붙잡혀온 이승만을 맞이한 것은 무시무시한 고문과 악명 높은 한성 감옥이었다.

이승만을 고문한 자는 박달북(朴達北)이었다. 그와의 만남을 담은 기록이다. "그는 왕당파로 나와 가장 원한이 사무치는 원수였다. 박은 나를 잡아다 놓은 후에 황실에 연락을 해서 황제로부터 고문을 하라는 지시를 전화로 받았다. 그들은 나를 캄캄한 방에 눕혀놓았는데, 나는 그 다음날 아침까지 무슨 일이 있었는지 알지를 못했다.

그리고 나는 또 감옥으로 끌려갔다. 그때 나는 그 감옥으로 다시 끌려가기 전에 얼마나 죽고 싶어했는지 모른다. 나에 대한 사무친 원한을 풀어대는 그들은 격분한 동물들 같았다."

이승만이 끌려간 방은 감옥 안쪽의 취조실이었다. 그곳을 둘러싼 두터운 돌벽은 일종의 방음 장치였다. 고문당하는 죄수의 비명 소리가 새어나가지 못하게 했다. 이승만이 받았던 고문은 여러 가지였다.

화젓가락에 불을 빨갛게 달구어 팔다리를 지지는 것, 두 팔을 뒤로 틀어서 공중에 오래 매달아 두는 것, 살갗을 파고드는 포승줄에 두 팔이 묶인 상태에서 양다리에 주리를 틀고, 손가락 사이로 대나무 가지를 넣어 살점이 떨어져나갈 정도로 비트는 것 등등이다.

고문의 후유증은 그후로도 오래 남아있었다. 손이 망가진 이승만은 몇 년이 지난 다음에야 젓가락을 사용할 수 있었다. 고문당하기 이전의 서예 실력을 되찾은 것은 무려 40년이 지난 뒤였다. 훗날 이승만은 감정이 격해질 때면 아플 때의 버릇이 살아나 무의식적으로 손가락 끝을 입으로 불었다.

고문의 흔적은 육체만이 아니라 정신 세계에도 깊이 박혀 있었다. 오십 년이 더 지난 뒤인 77세 때에도 그는 가끔씩 꿈속에서 감방에 갇힌 자신을 발견하곤 했다. 그때의 일을 물으면 고통스러운 표정으로 "잊어버리게 좀 놔둘 수는 없나..."하고 말하기도 했다.

'생지옥'에서 회심하다

한성 감옥은 끔찍했다. 이승만을 면회하러 갔던 미국 선교사 에디 (Eddy)의 기록이다. "그들의 감옥이란 이루 형언할 수 없다. 자백을 받아내거나 남을 연루시키기 위해 자주 고문을 가하고 죄수들을 축사(畜舍)에 가둔 소떼처럼 이리저리 몰아붙인다.

죄수들은 위생 상태가 형편없고 해충이 우글거리는 흙바닥 위에서 숨막히게 답답한 분위기를 참아가며 잠시도 방을 비우지 못한 채 생활한다. 정치범들은 흉악범, 무뢰한들과 함께 어울려있다.

답답한 감방 안에 사람이 너무 많기 때문에 재빨리 칼을 쓰고 준비하지 않으면, 다른 사람과 겹쳐 앉지 않는 한 제대로 앉을 수조차 없다. 그들은 간수들과 동료 잡범들에 의해 잔인하게 취급받는다.

구역질나고 때로는 부패한 급식이지만, 약한 자의 몫을 강한 자가 빼앗아 먹는다. 정치범들이 겪는 고문은 죽음의 고통이다. 김모 씨는 고문을 받다가 다리가 부러졌다."[22]

이승만과 2년여를 함께 지냈던 감옥 동료 가운데 김형섭(金亨燮)이 있다. 당시로서는 드물게 일본의 육군 사관학교에서 군사 훈련을 받았던 사나이였다. 하지만 그에게도 한성 감옥은 감당하기 어려웠다.

"한 칸의 방만한 곳에 50명 정도의 사람들이 '진흙 속의 뱀장어'같이 벌거벗은 채로 앉아서 잠을 잤다. 감옥 안의 공기는 후덥지근한 데다 체취와 땀냄새 그리고 대소변의 악취가 지독해 처음으로 감방에 들어가는 사람은 숨 쉬는 것조차 힘들어 문틈 쪽으로 코를 돌려야 한다.

감옥의 급식 상태는 팥밥과 콩나물, 소금국이 전부인데 음식을 담은 그릇이 불결하여 보기만 해도 먹을 생각이 들지 않는다. 옥리들이 자기들 배를 채우기 위해 나쁜 쌀에다 팥을 섞어 밥을 짓기 때문에 돌이나 겨껍질 그리고 다른 잡물들이 너무 많이 섞여있어 감옥에 오래 있으면 누구나 이가 상하고 위를 버리게 된다. 이처럼 조악한 음식이지만 하루 두 끼밖에 배식을 하지 않는데다 그 양이 적었다.

... 해충, 빈대의 공격이 여러 가지 고통 가운데 가장 어려운 것이었다. 2-3일이 지나면 빈대가 빨아먹은 피 때문에 옷이 빨갛게 물들어 세탁을 해야만 했다."[23]

김형섭을 가장 고통스럽게 했던 것은 빈대였다. 빈대들은 발끝에서 목까지 온몸에 기어올라, 살갗이 빨갛게 부풀어 오를 때까지 피를 빨았다. 칼을 쓰고 족쇄에 묶인 죄수들에게는 방어할 방법이 없었다.

유영익의 치밀한 연구에 의하면, 한성 감옥에서 죄수 일인당 차지할 수 있는 면적은 불과 0.23평(0.76 제곱미터)이었다. 눕기는 커녕 여유 있게 앉기에도 부족한 공간이다. 더군다나 목에 칼을 쓰고 있는 대역 죄인에게는 숨쉬기도 비좁았다. 한성 감옥의 실태는 한마디로 '생지옥'이었다.

이승만의 목에는 무게 10킬로그램의 칼이 씌워졌다. 손에는 움직일 수 없도록 수갑이 채워졌다. 발에는 꼼짝 못하도록 족쇄가 물려졌다. 칼을 벗고 손발이 풀리는 시간은 하루 스물 네 시간 가운데 단 5분 뿐이었다. 온몸은 고문으로 망신창이가 되었다. 감옥에는 바닥조차 없었다. 살인범과 같은 중죄인들은 널빤지도 깔지 않은 흙바닥에 던져졌다.

인간의 곤경은 하나님의 기회이다. 떨치며 일어나 용감하게 자신의 길을 달려갔던 인간은 어쩔 수 없는 막다른 골목에서 비로소 신(神)을 찾는다. 몸부림 쳐도 발버둥 쳐도 안 되는 곳, 몸부림 치고 발버둥 칠 힘조차 없는 상황, 그럴만한 물리적인 공간조차 허용되지 않는 한성 감옥에서 이승만은 성경을 찾았다. 성경을 구하는 과정도 쉽지 않았다.

"나는 그후 성경을 구하려고 했으나, 옥중에서는 종교 서적이 아무것도 허용되지 않았고 또한 선물도 허용되지 않았다. 그러나 비밀 방법을 통해 셔우드 에디(S. Eddy)박사가 조그마한 〈신약 성서〉를 보내왔는데, 그것을 받은 나는 얼마나 기뻤는지 모른다."

머리에 칼을 쓰고 손에는 수갑을 차고 있으니 한 장을 읽고 다음 장을 넘길 수가 없다. 누군가 옆에서 넘겨주어야 한다. 동료 죄수들의 도움을 받아가며 성경을 읽는데, 예전과는 새롭게 읽혀졌다.

"나는 감방에서 혼자 있는 시간이면 성경을 읽었다. 그런데 배재학당에 다닐 때는 그 책이 나에게 아무런 의미가 없었는데, 이제 그것이 나에게 깊은 관심거리가 되었다. 어느날 나는 학교에서 어느 선교사가 하나님께 기도하면 하나님께서 그 기도에 응답해주신다고 했던 말이 기억났다."

성경을 읽다가 설교가 떠오른 결정적인 순간을 이승만은 회고한다.

"내가 품고 있는 질문은 꼭 한 가지, 이제 나는 어디로 가느냐 하는 것이었다. 그때 나는 학교 예배실에서 들은 설교를 기억하고 목에 씌운 형틀에 머리를 숙이고 평생 처음으로 기도했다. '오 하나님, 나의 영혼을 구해주시옵소서. 오 하나님, 우리나라를 구해주시옵소서.'

그랬더니 금방 감방이 빛으로 가득 채워지는 것 같았고 나의 마음에 기쁨이 넘치는 평안이 깃들면서 나는 완전히 변한 사람이 되었다."

그날, 완전히 변한 것은 이승만 뿐이 아니었다. 먼저 이 나라의 선교 역사가 바뀌었다. 이승만은 조선의 양반, 왕족, 상류층 출신으로는 국내에서 개종한 첫 번째 개신교 신자였다. 영향력 있는 정치인, 언론인, 연설가들 중에서도 국내파로는 첫 번째였다.

이승만보다 먼저 기독교를 받아들인 양반 지식인으로는 1883년 동경에서 개종한 이수정(李樹廷)과 1885년 샌프란시스코의 서재필, 1887년 상해의 윤치호 등을 손꼽을 수 있다. 국내외를 통틀어 양반 개종자 자체가 몇 사람 안 되었고, 이승만을 제외한 이들은 모두 해외 체류 시절에 기독교인이 되었다. 유교 문화와 전통이 강력한 영향력을 끼치던 조선 분위기에서 기독교인이 된다는 것은 참으로 어려운 일이었다. 그 첫 스타트를 이승만이 끊었다.

그 영향력은 선교와 종교의 영역에만 머물지 않았다. 대표적인 독립운동가요 건국 대통령으로 성장해 간 그의 발자취와 함께, 기독교는 이 나라 역사 전체에 깊은 흔적을 남기게 된다.

'복당동지'(福堂同志) 결성

1899년 겨울, 영혼을 묶었던 사슬에서 풀려난 이승만은 그해 여름인 7월에 팔다리와 목을 옥죄었던 사슬에서도 풀려났다. 7월 11일의 선고에서 무기형으로 감형(減刑)된 것이다. 사형이 집행될 날을 기다리며 신앙에 매달리고 있던 그에게 감형은 하나님이 베푸신 기적이었다. 무기수가 되면서부터 이승만은 칼과 족쇄, 수갑으로부터 벗어나서 보다 자유로운 수감 생활을 할 수 있었다.

1899년 12월에는 두 차례 감형이 더해져서 징역은 10년으로 단축되었다. 거듭된 단축은 선교사들의 노력, 왕족이라는 신분에서 오는 특혜, 이승만 가족들의 필사적인 구명 활동 등이 복합적으로 작용한 결과였다.

1900년 전후로 한성 감옥에는 350명의 죄수가 갇혀있었다. 죄목으로 분류하면 사기범, 절도범, 흉악범, 정치범 등 다양했다. 특이하게도 정치범들은 대부분 같은 성향이었다. 갑오경장이 실패한 뒤에 일본에 망명하여 고종 황제 폐위, 국체 개혁을 추진했던 박영효, 유길준 계열의 역적들이거나, 정부 시책에 반대했던 인물들이었다. 주로 개화파 계열에 속했던 관료, 군인, 경찰관, 언론인, 학생회 회장, 독립협회 회원들이었다.

다시 말해서 서구 지향적인 개혁파 애국자들이었다. 그들 중에서 이승만이 기독교 개종의 첫 열매였다. 이승만은 감옥에 정기적으로 찾아와 성경 공부를 인도한 아펜젤러, 언더우드, 벙커 선교사의 도움을 받아가며 전도에 열을 올렸다.

이승만에게는 뛰어난 설득력과 사람들을 감화시키는 능력이 있었다. 일찍부터 연설과 리더십에 두각을 나타냈고 평생 리더로 살아갔다. 하나님은 한성 감옥에서 그의 감화력을 구원의 도구로 사용하셨다. 열정적으로 전도한 이승만은 감옥에서 40여 명의 개종자를 얻었다.

또 한번 '최초'의 수식어가 붙었으니, 한국 최초의 전도왕이다. 그 당시 한반도에 와있던 어느 선교사도 그만큼의 한국인들을 개종시킨 사례가 없었다. 더군다나 그 40여명이 개혁파 지식인이요 훗날의 독립운동가, 대한민국 건국 세력이 되었다는 점에서 특기할 만한 일이다.

이승만과 회심한 지식인들은 1902년 12월 28일, 감옥에서 예배를 시작했다. 특이하게도 죄수들의 예배에 간수들도 참여했다. 이승만의 영향력이 간수들에게까지 미친 것이다. 지옥 같던 감옥이었지만, 예배를 마친 그들의 영혼에는 감격이 솟아올랐다.

그들은 감옥을 '복당'(福堂)이라고 불렀다. 형벌과 치욕이 내려진 생지옥이 하나님을 만나 예배하는 기쁨으로 가득 찬, 축복의 집이 된 것이다. 죄수 이원긍의 아들 이능화(李能和)는 감격적으로 표현했다. "지옥과 같은 감옥이 천당으로 변했다."

복당 동지들은 성경 읽기에 몰두했다. 이승만의 기록이다.

"이 이야기의 가장 고무적인 부분은 예수가 다른 사람들의 구원을 위해 자신의 생명을 저버린데 있다. 어두운 감방 안에서 일부 죄수들은 죽음의 시간을 고통스럽게 기다리고 있었고, 어떤 자들은 교수대로 끌려갔고, 또 다른 이들은 마치 사탄 자신이 영원히 옥좌에서 군림하고 있는 듯, 희망의

빛줄기라고는 하나도 없이 끝없이 고통 받고 있었다.

그런 시간과 그런 상황에서 우리 각자는 예수가 다른 사람들의 구원을 위해 고통을 받았다고 믿었고, 예수가 당한 무고와 불의는 너무나 현실적이고 참된 것이어서 우리 각자가 이상스럽게도 가슴이 뜨거워지는 것을 경험하였다."

감리교의 창시자 존 웨슬레가 회심하던 날, 로마서의 말씀을 들으면서 '이상하게 마음이 뜨거워졌다'고 일기에 썼다. 훗날 감리교인이 된 이승만도 같은 기록을 남겼다.

시대는 달랐고 상황도 달랐으며 인종과 배경도 달랐지만, 그들을 뜨겁게 만든 것은 동일한 복음이었다. 고난 받고 피 묻은 십자가의 복음을 통해서, 시대를 변혁하는 성령의 뜨거움이 역사의 주인공들에게 임한 것이다.

기독교인이 된 이승만과 동료들은 서로를 '복당동지'(福堂同志)라고 불렀다. 복당 동지들의 면면을 살펴보면, 엄청난 이름들이다.

이승만 : 박영효 대통령 옹립 사건으로 투옥. 훗날 독립 운동가, 건국
대통령이 되었다.

신흥우 : 이승만의 도동 서당, 배재학당 동료. 박영효와 관련되어 투옥.
훗날 정치가로 활약했다.

이상재 : 의정부 참찬을 지냈고 유길준과 관련되어 투옥. 훗날 YMCA 운
동에 전념했던 위대한 기독교 교육자였다. 한국의 톨스토이로
존경받았다.

이원긍 : 조선 선비의 최고 명예인 대제학 출신.

유성준 : 내무 협판(차관)을 지낸 유길준의 동생. 훗날 보성전문 교장, 물산 장려회 이사장으로 활약했다.

이동녕 : 진사시에 급제한 재사(才士). 훗날 임시 정부 요인으로 활약한 독립 운동가이다.

이종일 : 제국신문 사장으로 훗날 3. 1 운동 민족 대표 33인 중 한 분이었다.

이 준 : 한성 재판소 검사보를 지냈으며 훗날 헤이그 밀사로 파견되었다.

안국선 : 신소설 〈금수회의록〉의 저자로 애국 계몽 운동가로 활약했다.

양의종 : 협성회 간부와 배재학당, 언론 활동에 이승만과 함께 참여했다.

정순만 : 훗날 시베리아와 만주에서 독립 운동을 벌였다.

박용만 : 미국과 하와이에서 무장 투쟁에 의한 독립 운동을 추진했다.

김정식 : 경무 국장 출신으로 후에 동경 YMCA의 창설자가 되었다.

이승만의 전도를 받아서 회심한 이상재(李商在)는 자신이 기독교인이 된 동기를 훗날, 다음과 같이 밝혔다.

"걷잡을 수 없는 나라의 비운이 드디어 창상(滄桑)의 변 - 나라가 몰락할 임박에 처했음 - 까지 몰아왔음을 몸소 겪으면서 그래도 낙심하지 않고 나라 구원의 길을 찾아보려는 일념(一念)이 기독교의 믿음을 갖게 한 것이며, 또 나라의 장래를 기약하기 위해서는 낡은 세대를 제쳐놓고 젊은 세대를 길러야 되겠다는 또 하나의 믿음으로 발돋움하게 되었던 것이다."

그의 글에서 뚜렷이 발견되는 것은 기독교적 애국심이다. 개인의 구원만이 아니라 '나라 구원의 길을 찾으려는 일념'이 기독교로 그의 발길을 이끌어간 것이다. 다른 옥중 동료들도 비슷했다. 이승만의 글이다.

"우리들 생각에는 기독교가 자유의 종교라는 것은 의심의 여지가 없었다. 성경은 진리를 가르치고 있으며, 그리고 '진리가 너희를 자유롭게 하리라'고 믿었다. 같이 있었던 사람들 모두가 우리 국민들의 갱생(更生)을 위해 기독교 교육을 전파하는데 전력을 기울이자고 결의했다."

필자는 '복당동지'들의 명단을 정리하면서 이승만이 고백한 '보이지 않는 손'의 움직임을 느꼈다. 같은 시기에 같은 장소에 이들을 한꺼번에 몰아넣은 것은 누구의 역사인가. 더군다나 예사로운 회합이 아니요 생지옥과 같은 감옥이라는, 더할 수 없이 심령이 가난해지게 만드는 그곳으로 밀어 넣은 것은 누구의 조화인가. 이승만에게 불씨를 심고 옥중 동료들에게 불꽃을 튀게 해서 마침내 민족의 심성으로 번져간 불길은 누가 시작한 것인가.

교회사가(敎會史家) 서정민의 논평을 인용한다.

"이런 사회 선교의 결실은 곧 한국 기독교 지도자들의 창출이라는 귀중한 결실을 맺었던 것인데, 그들 한 사람, 한 사람의 활동이 한국 기독교사에서 차지한 비중은 지대한 것이며, 그들의 회심과 개종을 불러일으켰던 당시 한성 감옥의 역사는 큰 의미를 지닌 것이었다. 역사 속에서 일하시는 하나님의 섭리를 느낄 수가 있다."[24]

감옥 학교와 감옥 도서관

감옥에서 이승만은 끊임없이 독서에 몰두했다. 죄수들이 책을 읽는 것은 금지되었으나, 간수장 김영선은 그에게 특별한 호의를 보였다. 그것은 당시 정부의 실력자였던 한규설, 고종의 총애를 받던 엄비 등이 이승만에게 특별한 관심을 보인 점과 김영선 자신이 이승만에게 받은 감화가 함께 작용한 결과로 보인다.

동료 김형섭은 이승만을 평한다. "이승만 씨는 유명한 독학가(篤學家)로 감옥에 있으면서도 잠시도 손에서 책을 놓은 일이 없었다."

이승만은 서양 선교사들에게 부탁하여 구할 수 있는 모든 종류의 책을 구했다. 선교사들은 장차 이승만이 한국을 기독교화 할 리더라고 일찌감치 기대하고 있었기에 그의 부탁을 들어주는데 열심이었다. 그들이 넣어 준 책들은 중국어, 영어, 한국어로 쓰여 졌고 기독교, 역사, 법률, 외교 등의 다양한 주제였다.

특히 종교와 역사에 대한 영문 서적이 주종이었다. 이승만이 가장 좋아 했던 주제는 세계 역사였다. 감옥이라는, 고통스럽지만 공부에 몰두할 수 밖에 없는 환경, 타고난 천재성, 특유의 집중력으로 이승만은 탁월하게 성장했다.

이정식은 다음과 같이 평가한다. "이승만은 세계 정세에 대해 서울 장안의 조선 사람들 중에서 어느 누구보다도 잘 알고 있었다."25)

감옥에서 이승만이 쓴 글들을 1차 자료로 직접 분석한 유영익의 인터뷰이다. "이승만은 감옥 생활을 하면서 정말 책도 많이 읽고 글도 많이 썼습니다. 한성 감옥이야말로 청년 이승만에게는 그야말로 '개화(開化)의 대학'이었지요. 이 안에서 영자 신문과 잡지들을 즐겨 읽었을 뿐만 아니라 중국 상해에서 발간된 기독교 관련 서적과 서양 학자들이 쓴 세계 역사는 물론 그리피스의 「조선사기 (朝鮮史記 : Corea - The Hermit Kingdom)」까지 읽었더군요. 이승만은 옥중에서 10여 권의 책을 번역도 하고 쓰기도 했습니다. 신문과 잡지에 기고한 논설은 80여 편이나 되고요.

「만국사략(萬國史略)」과 「만국공법(萬國公法)」을 한글로 번역하였고, 제가 학생시절 감탄한 「독립정신」과 우리나라 역사의 전환점을 이룬 청일(淸日) 전쟁을 다룬 「청일전긔(淸日戰紀)」는 모두 감옥 속에서 탈고한 저술들입니다.

이승만의 영어실력에 관한 이야기인데요. 우리는 그가 미국 유학을 통하여 영어실력을 키운 것으로 막연히 알고 있었지요. 그러나 이번에 옥중잡기를 읽으면서 보니까 그는 19세기 말 20세기 초 국내에서 영어를 배운 사람들 가운데 단연 최상급의 실력을 지닌 인물입니다. 아펜젤러에게 보낸 이승만의 영문 편지들과 신문에 국한문으로 발표된 영일 동맹(英日同盟) 조약문을 영어로 번역한 이승만의 영작문 실력은 놀랍습니다."[26]

이승만은 천성적으로 활동가였고 개혁가였으며 교육자였다. 혼자서만 열심히 공부하고 끝내는 것은 이승만의 스타일이 아니다. 그는 평생 앞서 배우고 다른 이들을 끌어주었다. 그 기질은 감옥에서도 십분 발휘되었다. 또 한번, '최초'의 칭호가 그를 찾아간다. 최초의 감옥 도서관과 감옥 학교이다.

1901년 간수장 김영선의 도움을 얻어 이승만은 감옥 학교를 열었다. 수감된 청소년들을 대상으로 국문, 역사, 영어, 일어, 산술, 세계사, 기독교 교육 등을 가르쳤다. 어린 나이에 감옥에 갈 정도의 청소년들이니, 그 환경과 수준은 짐작할 만하다.

더군다나 당시는 신분 차별이 엄격하던 무렵이었다. '아랫것' 내지는 '어린것'들을 가르치는 일은 별로 환영받지 못했다. 죄수와 간수들은 처음에는 비웃고 흉도 보고 책망하기도 했다. 하지만 탁월한 실력을 발휘하며 열정적으로 가르치는 이승만을 통해서 하나씩 둘씩 열매가 맺어지자, 조롱은 감탄과 칭찬으로 바뀌었다. 나중에는 어른들도 배우기를 청하여 어른 학교도 개교되었다.

유성준은 감옥 생활의 어려움을 토로하면서 "강도, 절도, 사기, 횡령 등 죄인과 섞여 있음으로 그 말과 행동은 참 눈으로 보고 귀로 들을 수 없다"고 말한 바 있다. 그런데 눈뜨고 보기 힘든 행실의 죄수들이 점차 변화되는 장면은 모든 이들에게 놀라운 광경이었다.

특히 이승만은 가르치는 일에 보람을 느꼈다. 참혹한 옥중 생활에서 사람을 길러내고 사람이 바뀌는 모습을 지켜보는 것은 샘물 같은 기쁨이었다. 그는 "성취되어가는 것이 재미있어 괴로운 줄을 깨닫지 못할지라"라고 고백했다.

옥중 학교의 소문은 바깥으로 퍼져나갔다. 소식은 들은 이들이 찾아와서 격려하기도 했고 기부금과 후원 물품을 놓고 가기도 했다. 죄수들을 면회하러 왔던 가족들도 깊은 감동을 받았다. 이승만은 감옥 학교를 개교한 지 2년이 지난 1903년 3월에 이렇게 기록했다.

"전일에 가르치는 것을 불가(不可)하게 여기던 이들이 보고 탄복하여 극렬히 찬조하나니, 예수 말씀에 병든 자가 있어야 의원이 쓸데 있느니라 하신 뜻을 깨달을지라. 아무리 악한 죄인이라도 밉게 여겨 물리칠 것이 아니라, 사랑하여 가르치면 스스로 감화되어 의원이 병자를 고친 것같이 효험이 드러날지니 이것이 나의 깨달은 바이오."

위에서 보여지듯이, 이승만은 그냥 교육자가 아니라 기독교 교육자였다. 그 시작은 한성 감옥이었다. 기독교 교육은 그의 평생 과업이 되었다. 감옥에서 깨달은 "병든 자에게라야 의원이 쓸 데 있다"는 말씀은 그가 일평생 자주 인용했던 말씀이었다.

힘들고 어려운 일은 위대한 의사이신 예수께로 인도하는 기회가 된다. 병이 들어야 의원의 효험이 나타나는 것과 같은 이치이다. 감옥에서 깊이 체험된 말씀은 그의 뼛속까지 스며들었다. 그의 피가 되고 살이 되었다. 고난을 예수께로 가는 길로 해석한 기독교 신앙은 꺾어도 꺾어도 꺾이지 않는 불굴의 정신으로 나타났다.

필자가 이승만을 연구하면서 감동을 받는 것은, 그는 항상 긍정이었다. 나라가 망해도 백성들이 뿔뿔이 흩어져도 동지들이 변절해도 변함없이, 할 수 있다고 외쳤다. 병이 깊으면 오히려 더 간절히 예수님을 찾게 되니, 오히려 축복이라는 논리이다. 생지옥을 복당(福堂)으로 체험한 경험이 그의 일생을 통해서 거듭 반복되었다.

선교사들의 열성어린 노력으로 책은 점점 늘어갔다. 마침내 이승만은 523권의 책으로 도서관을 설치했다. 대부분의 책은 선교사들이 상해와 일본 등지에서 구입한 것들이었다. 전체 도서의 약 3분의 2가 기독교 관련 서적들이었다. 도서관의 수준에 대해서 유영익은 "기독교 및 청나라 말기의 제도 개혁에 관한 한, 궁중에 있던 왕립 도서관 집옥재에 비해 손색없는 알찬 도서관"이라고 평한다.27)

처음 십오일 동안 책을 본 사람이 268인이었다. 평민들이 제일 많이 본 책은 신약 성서로 2년간 110회 대출되었다. 그 다음은 서울에서 출판된

〈기독교 소식(Christian News)〉이 70회, 한글 입문서가 67회였다. 양반의 경우도 한문 성경이 54회로 제일 많았다. 한성 감옥이 기독교 선교의 요람이 된 것은 도서 대출 기록에서도 분명히 드러난다.

흥미로운 점은 전체 죄수 가운데 극소수였던 양반들이 성서 대출에는 훨씬 열성적이었다는 것이다. 양반들을 제외한 전체 수감자의 대출 횟수가 110회인데 비해, 양반들은 54회였다. 이는 양반 출신 지식인들이 보다 열심히 성경 공부에 주력했음을 보여준다.

감옥에서 쓴 기독교 입국론

이승만은 감옥에서 〈제국신문〉과 〈신학월보〉 등에 수많은 논설을 남겼다. 그 외에도 노트에 여러 가지 형태의 자유로운 "잡기"(雜記)를 썼다. 이것 역시 김영선을 비롯한 간수들의 특별한 호의가 있었기에 가능했다. 당대의 문사(文士)가 감옥에서 쓴 글에, 감옥 밖의 수많은 독자들이 매료되었다. 그중에는 고종 황제의 아들을 낳았던 엄비(嚴妃)도 있었다.

정치범으로 투옥되어 기독교인이 되었던 그에게 정치와 종교의 관계는 당연한 관심사였다. 이정식은 이승만의 옥중 논설이 보여주는 주제를 "기독교로 나라 세우기의 논리"라고 표현했다.[28]

기독교로 나라 세우기, 혹은 기독교 입국론(立國論)을 보여주는 논설로, 1903년 9월 〈신학월보〉에 실린 "두 가지 편벽됨"을 들 수 있다. 이승만은 이 글에서 '인간의 곤경은 하나님의 기회'라는 복음적인 신앙관을 보여준다.

"사람의 극히 어려운 지경은 곧 하나님이 감화시킬 기회라 하나니, 비교하건대 논고에 물이 마르고 뜨거워 고기가 살 수 없게 된 후에야 스스로 새 물길을 얻어 강과 바다를 찾아갈지라....

이 세상은 우리의 잠시 사는 논고물이라. 다소 태평안락한데 사는 사람들도 바다같이 영원히 마르지 않을 생수를 찾기에 게으르지 않건대, 하물며 이 물이 마르고 흙탕 되는 도탄 중에 들어 어찌 새 물줄기를 찾지 아니하리오."

이승만은 당시의 조선 상황을 "물이 마르고 흙탕 되는 도탄"이라고 표현했다. 고통스러운 시대 상황에 대한 적절한 비유이다. 마른 흙탕물에 사는 물고기가 살기 위해선 자연히 새로운 물을 찾아가야 한다. 새 물줄기가 바로 기독교라고 이승만은 단언한다.

"대한 사람의 새 물줄기는 예수교회라. 이 교회가 날로 흥왕함은 더 말할 것 없으려니와 아직까지도 저 불쌍한 사람들을 다 기회를 주어 우리와 같이 생활 샘으로 나오지 못하게 함은 실로 다 우리 신이 부족함이요 사랑이 부족함이라."

혁명을 꿈꾸다가 감옥에 들어온 이승만은 새로운 혁명을 꿈꾼다. 그것은 예수교로 일어나는 혁명이다. 오백년 유교 국가였던 조선에 예수교라는 새로운 물줄기를 끌어들이는 혁명의 꿈이 죄수 이승만의 가슴에서 꿈틀거렸다.

"정치는 항상 교회 본의로서 딸려나는 고로 교회에서 감화한 사람이 많이 생길수록 정치의 근본이 스스로 바로잡히나니, 이럼으로 교화로써 나라를 변혁(變革)하는 것이 제일 순편(順便)하고 순리된 바로다.

이것을 생각지 않고 다만 정치만 고치고자 하면 정치를 바로잡을 만한 사람도 없으려니와 설령 우연히 바로 잡는다 할지라도 썩은 백성 위에 맑은 정부가 어찌 일을 할 수 있으리오. 반드시 백성을 감화시켜 새 사람이 되게 한 후에야 정부가 스스로 맑아질지니 이 어찌 교회가 정부의 근원이 아니리요."[29]

이승만의 목소리는 마치 목사의 설교처럼 들린다. 교회에서 신앙으로 세워진 사람들을 길러내야, 제대로된 나라가 설 수 있다. 썩은 백성 위에 맑은 정부가 세워질 수는 없다. 따라서 나라가 새로워지려면 백성이 새로워져야 한다. 백성을 새롭게함은 교화(敎化)로써 가능하다.

이승만이 사용한 '교화'는 교육보다 높은 차원의 종교적 도덕적 함의를 지닌 말이었다. 전지전능하신 하나님의 힘을 빌어 백성들의 마음을 다스리고 변화시켜야 한다는 뜻이었다. 이승만은 백성들의 교화를 주도하는 교회가 정부의 근원이라고 주장했다.

교화를 강조한 것은 감옥 생활과 기독교로의 개종이 이승만에게 일으킨 변화를 뚜렷이 보여준다. 감옥 바깥에서 그의 싸움은 '바깥'을 향했다. 그의 투쟁은 개혁 조치를 시행하고 의회를 설치하는 등 정치 제도의 개혁을 위한 것이었다.

하지만 감옥 안에서 이승만은 '안'을 발견했다. 기독교인이 되어 스스로 심령의 변화를 체험한 뒤에 그는 '안'에서 출발해야함을 깨달았다. 기독교 교화를 통한 동족의 영적, 정신적, 도덕적 자질 향상이 무엇보다 우선함을 알게 된 것이다. 그 결과 그는 조국을 동양 최초의 예수교 국가로 만들겠다고 결심했다.

이승만이 노트에 쓴 "입국이교화위본"(立國以敎化僞本 - 교화로써 나라를 세울 것)은 백성을 교화한다는 개념을 뚜렷이 보여준다.

"오늘날의 선비가 참으로 나라를 위한 계책을 세우려고 한다면 반드시 먼저 백성을 위하는데서 시작해야 한다. 진실로 백성을 위하려고 한다면 반드시 먼저 백성들로 하여금 나라를 위하는 마음을 갖게 해야 하며, 진실로 백성들로 하여금 나라를 위하는 마음을 갖게 하려면 반드시 먼저 그들을 교화(敎化)시켜야 한다."

백성들의 마음이 교화되어야 하는 이유는 오랫동안 속박과 수탈을 당하여 정신이 굳어지고 이기적이 되어서 사사로운 이익만을 추구하기 때문이다. 이승만은 백성들의 상태가 "나무 인형과 풀 인형처럼 느낌이 없고 움직임이 없는데 그치지 않고 나아가 승냥이와 이리, 뱀과 전갈 같이" 그 수가 많으면 많을수록 해독이 더욱 심한 상태에 이르렀다고 진단한다.

그들의 마음은 기독교로만 새로워질 수 있다. 새로워지려면 전지전능하신 하나님의 도우심으로 변화되어, 만물의 주관자요 심판자이신 하나님을 의식하며 살아야 한다.

"무릇 나라에 형법을 두는 것은 사람의 드러난 죄를 다스리기 위한 것이다. 어두움 속의 드러나지 않은 악행과 마음 속에 숨어있는 허물은 인간 세상의 형옥관(刑獄官)이 능히 다스릴 수 있는 것이 아니다. 반드시 전지전능(全知全能)하신 성신(聖神)으로써 다스리는 법관을 삼고 지극히 어질고 지혜가 많은(至仁智說) 교화로써 어둠을 비추는 법감(法鑑)을 삼아야 한다.

그리하여 백성으로 하여금 하나님의 다스림은 천상(天上), 지하(地下), 수중(水中)의 만물만생(萬物萬生)과 모든 인간이 평생 행하는 바를 하나도 빠짐없이 정확하게 알고 밝게 보고 있다는 것을 알게 해야 한다.

그렇다면 마음이 생각한 바와 몸이 행하는 바로서 한 가지 선한 일이나 한 가지 악한 일이라도 벌을 피할 수 없으며 다른 세상에서 상을 받게 되기 때문에 감히 속이거나 남을 속일 수 없을 것이다.

그리하면 다시 자기를 미루어 남을 사랑하고 선을 행하기를 즐길 뿐 아니라 저절로 악을 행하기를 두려워할 것이며, 심지어 원수를 은혜로써 갚고 자신을 희생하여 세상을 위해 속죄할 것이다. 대개 이것은 그러한 사람의 소망이 일시의 부화(浮華)와 허영에 있지 않고 영세(永世)의 장생(長生)과 원복(圓福)에 있기 때문이다."

위의 글은 이승만이 주장한 '교화'의 기독교적 성격을 분명하게 드러낸다. 죄, 하나님의 통치와 심판, 내세의 형벌과 상급 등의 성서적인 개념들이 분명히 드러나 있다. 하나님은 다 보시고 다 아신다. 마지막에 보고 아시는 바대로 심판하신다. 그 하나님을 의식하면 바르게 살지 않을 수 없다. 이처럼 하나님을 믿는 백성들에게서 바른 삶은 가능해진다.

이승만이 감옥에서 "기독교로 나라 세우기"에 몰두하는 동안, 감옥 밖에서는 나라가 무너지고 있었다. 조선의 정치와 경제는 일본에게 거의 완전하게 장악 당했다. 망국(亡國)으로 치닫는 속도는 점점 빨라졌다.

자연히 이승만의 고뇌도 깊어졌다. 어떻게 하면 나라를 다시 살릴 수 있을 지, 고민에 고민을 거듭하면서 이승만은 "대한 교우들의 힘쓸 일"을 썼다. 1904년 8월 〈신학월보〉에 실린 이 논설은 옥중에서 쓴 마지막 글이었다.

"슬프다. 우리나라의 실낱같은 혈맥은 다만 예수교회에 달렸거늘 우리 교우들은 이것을 아는지 모르는지. 혹 알고도 아직 힘이 자라지 못하야 그러한지... 바라건대 우리 교우들은 지뢰를 밟고 적진에 들어가는 저 군사들을 본받아 일심으로 나아가 적군을 하나씩이라도 항복받기로 힘쓸지라.

우리의 적군은 다른 사람이 아니라 다만 진리를 알지 못하고 방해하려하는 자며 우리 군기는 다른 것이 아니라 성경 한 가지 뿐이니, 성경의 이치를 전국에 전파하야 사람마다 지금 무슨 처지에 있으며 어찌하면 우리가 동포와 나라를 일체로 구제할 것이며 동포와 나라를 구제하려 하면 정치, 법률에 있지 아니하고 교화로써 사람의 마음을 풀어놓음에 있는 줄로 깨닫게 하여, 하나라도 돌아와 우리와 함께 일꾼이 될진대...

얼마 만에 모두 충군 애군하며 자주독립하는 동포가 될지니, 무슨 걱정이 있으며 무엇이 부족하리오. 어서 바삐 일들 하여 전국 사람이 하나도 모르는 자 없도록 힘쓰고 나갑시다."

"대한 교우들의 힘쓸 일"은 이승만의 행동가적 면모를 보여준다. 분명 기독교는 나라를 살릴 수 있는 새 물줄기이다. 하지만 기독교인들이 새로운 물줄기를 백성들에게 부지런히 공급하지 않으면 소용이 없다.

따라서 이승만은 "지뢰를 밟고 적진에 들어가는" 군병들처럼 분투할 것을 촉구하고 있다. 기독교인이 폭탄에 몸이 조각나는 것을 각오하고 전진하는 결사대가 되어야 나라를 살릴 수 있다는 비장한 촉구이다. 시시각각 다가오는 망국(亡國)을, 그저 감옥에서 지켜보아야 하는 안타까운 마음과 어떻게든 나라를 살리고자 하는 애국(愛國)의 심정을 느끼게 하는 명논설이다.

시체와 섞여서 복음을 전하다

1902년 가을, 콜레라가 조선을 휩쓸었다. 감옥은 전염병이 창궐하기에 너무나 좋은 장소였다. 환자와 맞닿아있어야 하는 비좁은 공간과 불결한 환경, 불량한 영양 상태는 수많은 죄수들의 죽음으로 이어졌다.

참혹한 떼죽음의 와중에서 이승만은 사투(死鬪)를 벌였다. 그는 여러 가지로 그를 도와주었던 미국 의사 애비슨(Avison)에게 연락해서 약을 구했다. 그리고 의사의 지시를 따라 환자들에게 투약하며 보살폈다.

사실을 추적보도 한 특종들을 터뜨린 바 있는 이승만은 참담한 와중에서도 기자 출신의 면모를 잊지 않았다. 1902년 9월 12일 이승만은 영어로 쓴 메모를 남겼다. 그날 하루 감옥에서 죽어나간 이들의 기록이었다.

아홉 개의 항목이 기록되어 있는데 항목마다 잉크의 진하기가 다르다. 그것은 한 사람 한 사람 실려 나갈 때마다 한 줄 씩 기록했던 상황을 보여준다.

    죄수 1명 – 화폐 위조범
    여자 죄수 1명. 2살짜리 딸을 남기고 갔다.
    2명이 한꺼번에, 한 명은 죄수이고 다른 이는 죄수가 아님
    여자 죄수 1명
    죄수 3명. 하루아침 모두 10명. 콜레라로 죽음
    죄수 1명 – 종신형. 16살 먹은 소년, 저녁 8시에 죽음
    3명중 2명은 죄수이고 1명은 사형 선고를 받은 자. 모두 9시 45분 경
    모두 15명이 죽음
    죄수 1명 – 위조범, 16번째 죽은 자
    죄수 1명 – 소년, 하루에 17명

때론 감상(感想)보다 사실이 더 큰 감상을 불러일으킨다. 군더더기 없는 기록이지만 한 줄 한 줄이 가슴을 메이게 한다. 살을 맞댄 동료들이 단 하루에 열일곱 구의 시체로 쓰러지는 모습을 지켜보는 심정, 단 몇 마디로 기록한 죄수들의 사연이 절절한 울림으로 다가온다.

콜레라 환자는 고열과 함께 설사, 구토, 근육 경련을 동반한다. 비좁은 감방에서 옆에 있는 죄수들이 구토하고 설사를 하다가 마침내 쓰러져 죽어버렸을 때, 함께 있던 동료들이 겪어야하는 고통은, 겪지 않은 이는 도저히 알 수 없을 것이다. 간수들이 하는 일이라고는 살았는지 죽었는지 확인하기 위해서 가끔 환자들의 발을 찬 뒤에, 반응이 없으면 밖으로 실어 나르는 것뿐이었다.

끔찍한 현장에서 살아남은 김형섭은 끔찍한 증언을 남겼다. 어떤 환자가 목마름을 참지 못해 뜰에 있는 하수구로 기어가는 것을 창밖으로 보았다고 말했다. 환자들이 눕혀져 있는 것은 마치 "어물전에 물고기가 놓여있는 것 같았다"고 회고했다.

그나마 사람 살 곳이 못되었던 감방이 악취와 시체더미로 가득 차오르던 그때, 이승만은 보통 사람이 할 수 없는 영웅적인 행동을 보였다. 그는 환자들을 돌보고 그들의 손발을 만지며 도와주려고 애썼다. 옆에 있는 동료가 시체가 되어 쓰러져 산 사람과 죽은 사람이 섞이는 상황에서도 사랑을 실천하고 복음을 전했다.

콜레라와 싸우는 이승만의 모습은 성자(聖者)에 가깝다. 죽음의 가을을 넘긴 이듬해 이승만은 참혹했던 계절의 기록을 남겼다. 1903년 5월 〈신학월보〉에 실린 "옥중 전도"이다. 옥중수기의 백미(白眉)라 할 수 있는 감동적인 글이다.

"혈육의 연한 몸이 오륙년 옥고에 큰 질병 없이 무고히 지내며 내외국 사랑하는 교중 형제 자매들의 도우심으로 하도 보호를 많이 받았거니와, 성신이 나와 함께 계신 줄 믿고 마음을 점점 굳게 하여 영혼의 길을 확실히 찾았으며...

작년 가을에 괴질(콜레라)이 옥중에 먼저 들어와 사오일 동안에 육십여 명을 눈앞에서 끌어내릴 새, 심할 때는 하루 열일곱 목숨이 앞에서 쓰러질 때에 죽는 자와 호흡을 상통하며 그 수족과 몸을 만져 시신과 함께 섞여 지냈으나, 홀로 무사히 넘기고 이런 기회를 당하여 복음 말씀을 가르치매 기쁨을 이기지 못함이라."

사도 바울은 감옥에서 빌립보서를 썼다. 자신의 몸이 사슬에 매여 있으면서도 복음은 매이지 않고 전해짐을 기뻐하며 감격에 찬 필치로 기쁨을 노래했다. 이승만의 "옥중전도"는 빌립보서를 연상케 한다.

생지옥에서 구토와 설사를 퍼부어대는 환자들 틈에서, 시신과 섞여가며 복음을 전하는 그에게 찾아온 것은 기쁨이었다. 그야말로 성령이 주시는 기쁨이 아닐 수 없다.

「독립정신」, 방대하고 철저한 선각(先覺)의 글

이승만을 감옥에 집어넣은 것은 뜨거움이었다. 열혈 청년으로 명성을 떨친, 들끓는 애국심이 그를 거리로 내몰았다. 내면에서부터 솟아오른 불덩어리가 사자후(獅子吼)를 토하게 했다. 이십대의 육체를 사로잡은 불길 같은 열정이 격투를 벌이며 싸우게 했다.

감옥에서도 정열은 식지 않았다. 우리나라 최초의 전도왕이 되었고 필봉(筆鋒)을 휘둘러 논설을 썼다. 학교를 세우고 도서관을 운영하며 환자들을 돌보았다. 독서에 몰두했고 영어 실력을 갈고 닦았다. 그리고 또 한가지, 보통 사람이면 엄두도 내기 어려운 작업을 시작했으니, 영한(英韓)사전 편찬이다.

정확히 표현하면 '영한한(英韓漢) 사전'이다. 영어와 한글과 한문을 병행했기 때문이다. 그것으로 이승만은 또 다시 '최초'의 기록을 남겼다. 한국인으로서는 최초의 영한사전 편찬 시도이다. 이승만은 A에서 F까지 총 8223개의 단어를 번역해 냈다. 작업에 투입된 날짜를 따져보면, 하루 평균 20개 정도의 단어와 씨름한 셈이다.

남아있는 원고에는 동서양의 학문에 능통한 이승만의 학식이 고스란히 배어있다. 뛰어난 수준임을 확인할 수 있다. 만약 완성되었다면, 한국 최초의 영한사전이 되었을 것이다. 그러나 사전 편찬 작업은 1904년 2월에 중단되었다.

그때, 동북아(東北亞)를 소용돌이로 몰아넣은 러일 전쟁이 터졌다. 러일 전쟁은 한마디로 '누가 먹느냐'의 싸움이었다. 먹잇감은 조선이었다. 전쟁의 승자가 조선을 차지하는 것은 예정된 수순이었다. 이승만의 피가 또 한번 뜨거워졌다. 나라가 위기에 처했는데, 한가로이 사전이나 만들 때가 아니라고 판단했다.

감옥 친구 유성준도 거들었다. "독립 협회 이전의 모든 개혁 운동이 실패한 것은 지도자들이 일반 민중을 교육시킬 것을 전혀 생각지 못했기 때문이네, 독립 운동에 대한 여론을 조성해야 하네."

조선이 독립을 지키기 위해서는 백성들이 깨어나야만 했다. 그들을 일깨우기 위해선 선각자의 외침이 필요했다. 감옥에 있던 이승만이 역사의 호출을 받았다. 1904년 2월 19일, 만 스물아홉의 죄수가 한성감옥에서 집필하기 시작한 책이 「독립정신」이다.

백년이 넘는 세월 동안, 「독립정신」에 대해서 찬사가 쏟아졌다. 이원순은 "자유주의자의 영감으로부터 나온 뛰어난 책"이라고 말했다. 서정주는 "저 방대하고도 철저한 선지자(先知者)로서의 글"이라고 멋스럽게 표현했다.

이한우는 "유길준, 김옥균, 서재필 등에 의해 시작된 초보적 수준의 개화론이 근대 민족주의로 체계화되는 전환점을 맞게 하는 기념비적 저서"로 보았다. 미국의 연설학회 회장과 대학 교수를 지낸, 이승만의 오랜 동료 로버트 올리버(Robert Oliver)는 "「독립정신」은 한국인들의 정치적 성서(Bible)이다. 이 저서를 차근차근 이해하지 않고서는 이승만을 옳게 이해할 수 없다"고 했다.

김길자는 다음과 같이 논평했다. "이승만이 이 책에 그린 나라와 백성의 조건은 글로벌 현대 선진국의 모습 그대로이다. 이승만을 논하려는 자, 모름지기 이 책부터 읽기를 간곡히 부탁하고 싶다. 「독립정신」의 국가 정신이야말로 이승만과 대한민국의 정체성이라고 할 것이다."30)

유영익은 이승만에 관한 수천 건의 1차 자료를 분석하여 새로운 학문적 결과를 쏟아내고 있는 대표적인 연구가이다. 흥미롭게도 그가 정치학과를 지망한 계기는 이승만의 잘못된 정치에 대한 분노였다. 4·19가 일어났을 때, 그는 열렬히 찬동했었다.

이승만에게 부정적이었던 그는 미국에서 새로운 계기를 맞게 된다.

"1960년대 미국 하버드대학에 유학할 때였습니다. 옌칭 연구소 도서관에서 이승만의 첫 저서 「독립정신」을 읽으면서 19세기 말에 청년 이승만이 가졌던 비범한 역사관과 세계관에 은근히 놀랐지요. 젊은 나에겐 솔직히 같은 시대 박은식(朴殷植)이나 신채호(申采浩)의 역사관, 세계관과 비교하여 더 인상적이었습니다.

그후 19세기 한국 현대사에 관심의 초점을 모으면서 마침내 4·19때 가졌던 대통령 이승만에 대한 고정 관념을 수정하지 않을 수 없었습니다. 19세기 후반 한국 역사에 등장하는 주요 인물들 — 대원군, 고종, 명성황후, 김옥균, 박영효, 서재필, 유길준, 윤치호, 최제우, 전봉준 등과 비교할 때 당시 이승만의 식견과 행동은 탁월한 모습을 보여 주고 있습니다."[31]

이승만 연구를 필생의 과업으로 여기는 유영익은 「독립정신」에 대하여 옥중에서 5년간 독서를 통해 터득한 독립을 위한 기본 상식 교과서이며, "이승만의 감옥 대학 졸업 논문"이라고 묘사했다.

필자의 소견으로 「독립정신」에서 뚜렷이 읽혀지는 주제를 몇 가지로 정리한다. 첫째로 민주주의를 향한 신념이다. 서문에서 이승만은 말한다. "우리나라에서 중간층 이상의 사람이나 한문(漢文)을 안다는 사람들은 대부분 썩고 잘못된 관습에 물들어 기대할 것이 없고, 그 주변 사람들도 비슷하다."

당시의 지배층에 대한 날카로운 비판이다. 감옥에서도 무디어지지 않은 혁명가의 면모가 여실히 드러난다. 중간층 이상이 썩었다면, 기대할 곳은 백성들이다. 그 백성들을 향하여, 감옥에서 붓을 든 것이다.

"지명과 인명을 많이 쓰지 않고 일상 쓰기 쉬운 말로 설명한 것은 읽기 쉽게 하려는 것이며, 한글로만 쓴 것도 많은 사람들이 읽을 수 있도록 하려는 것이다. 특별히 백성에 대해 많이 쓴 것은 대한제국의 장래가 백성에게 달려있다고 보았기 때문이다."

이승만은 백성들을 깨우치는 일에 나라의 미래가 달려있다고 통찰했다. "진심으로 바라는 바는 우리나라의 무식하고 천하며 어리고 약한 형제 자매들이 스스로 각성하여 올바로 행하며, 다른 사람들을 인도하여 날로 국민정신이 바뀌고 풍속이 고쳐져서 아래로부터 변하여 썩은 데서 싹이 나며, 죽은 데서 살아나기를 원하고 또 원하는 바이다."

어두운 시대에 캄캄한 감옥에서 이승만의 붓은 희망을 적어간다. 그의 지향점은 부활이다. 죽어가는 조국이 깨어난 백성들을 통해서 다시 살아나기를, 그는 부활을 꿈꾸며 글을 써내려 간다.

"당장 시급한 것은 모든 사람이 '우리는 할 수 없다'는 마음을 버리고 적극적으로 나서도록 하는 것이다. 이처럼 백성들의 생각이 바뀌기 전에는 아무것도 이룰 수 없다. 백성들이 변한다면 이는 나라를 위해 씨를 뿌리는 것과 같다. 씨만 잘 뿌려 놓으면 반드시 풍성하게 수확할 수 있게 될 것이다."[32]

둘째로 교육의 중요성이다. 나라의 주인된 백성, 그처럼 중요한 백성이 교육을 받지 못해서 무지한 상태라면, 나라의 희망은 없어진다. 이승만은 탄식한다. "백성들을 일깨울 책 한 권도 없고, 그들에게 말 한마디 가르쳐 준 적이 없으니 어떻게 그들이 스스로 깨우치기를 바랄 수 있겠는가…"

따라서 나라를 새롭게 하는 길은 교육에서 시작된다. "어느 나라든지 백성이 모두 썩어 활력을 잃어버리면 여러 해 동안 교육을 통해 활력을 회복해야만 개화(改化)가 스스로 뿌리내릴 수 있다.

그렇게 하기 전에는 어떤 제도나 주의(主義)도 세울 수 없으며, 설사 우연히 어떤 제도를 들여온다 하더라도 쉽게 쓰러질 것이니 그것은 제대로 뿌리내렸다 할 수 없을 것이다.”

역사는 하루아침에 이루어지지 않는다. 이승만이 훗날 '교육 대통령'으로 불리우며 '교육 혁명' 또는 '교육 기적'을 일으킬 수 있었던 것은 한성 감옥에서부터 쌓아올린 신념이 있었기 때문이다.

셋째로 기독교 입국론(立國論)이다. 이승만은 대한제국의 현실, 국제 정세, 선진국의 역사 등을 두루 논한 뒤, 마지막에 “독립정신 실천 6대 강령”을 주장한다. 강령까지도 모두 소개한 뒤의 마지막 결론은 다음과 같다.

“만약 우리가 마음을 다스리지 못하고 재주만 키운다면, 이것은 호랑이에게 날개를 달아주는 것처럼 세상을 해롭게하는 기운만 늘어나게 될 것이다. 이것은 세상에도 위험할 뿐 아니라 자기에게도 해로운 것이니, 차라리 재주를 배우지 않은 것만 못하다.

나라를 다스리고 천하를 태평케 하는 것이 마음의 수양에서 시작된다고 했듯이, 마음을 바로잡지 못하고서 무슨 다른 일을 도모할 수 있겠는가.”

한반도와 세계를 넘나들며 외면의 세상을 종횡무진으로 논하던 붓끝은 내면으로 향했다. 마음이 잘못된 백성이 주인이 된들, 교육을 받은들, 잘못된 세상을 만들 뿐이다. 그렇다면 무엇으로 마음을 바로잡을 것인가? 이승만은 말한다.

“세계 문명국 사람들이 기독교를 사회의 근본으로 삼고 있으며, 그 결과 일반 백성들까지도 높은 도덕적 수준에 이른 것이다. 지금 우리나라가 쓰러진 데서 일어나려 하며 썩은 곳에서 싹을 틔우고자 애쓰고 있는데, 기독교를 근본으로 삼지 않고는 온 세계와 접촉할지라도 참된 이익을 얻지 못할 것이다.

신학문을 아무리 열심히 배워도, 그 효력을 얻지 못할 것이며, 외교를 위해 아무리 힘써도 돈독한 관계로 발전하지 못할 것이다. 나라의 주권을 소중히 여겨도 서양의 앞선 나라들과 대등한 지위에 이르지 못할 것이며, 도덕적 의무를 존중해도 사회 기풍이 한결같지 않을 것이며, 자유를 소중히 여겨도 자유의 한계를 몰라 어려움에 직면할 것이다."

여기에서 열거한 내용들은 모두 「독립정신」에서 전개된 주제들이다. 개방, 신학문, 외교, 주권, 도덕, 자유가 중요하다고 실컷 강조한 이승만은 마지막에 그 모든 것들이 기독교를 기초로 하지 않으면 허사가 된다고 결말짓는다. 감옥에서 생각하고 연구하며 고뇌한 끝에 내린 결론은 기독교였고 복음이었다. 기독교 신앙으로 나라를 새롭게 하는 것이었다.

"그러므로 우리가 기독교를 모든 일의 근원으로 삼아 자기 자신보다 다른 사람을 위해 일하는 자가 되어 나라를 한마음으로 받들어 우리나라를 영국과 미국처럼 동등한 수준에 이를 수 있도록 최선을 다해야 하며, 이후 천국에 가서 다 같이 만납시다."

원로 극작가 신봉승(辛奉承)은 「이동인의 나라」 서문을 감탄으로 시작한다. "선각(先覺)의 젊은이란, 얼마나 멋진 영예인가."

「독립정신」을 읽은 나의 소감이 바로 그것이다. 만 스물아홉 살의 이승만에게 보이는 선각의 발자취는 명예롭고 찬란하다. 신봉승의 글은 이어진다.

"강자에게는 약하고 약자에게는 자애로우며, 공명하고 정대하여 누구를 만나도 꿀림이 없는 도덕적 용기를 가진 젊은이들… 나라의 미래를 위해 몸소 횃불을 짊어지고 스스로 불덩이가 되었던 선각자의 숭고한 희생이 있고 없음에 민족의 명운이 갈라지는 것이 역사의 가르침이다."[33]

정말 그렇다. 횃불이 없으면 길이 있어도 길이 아니다. 보이지도 않고 갈 수도 없다. 누군가 겨레의 앞길을 밝힐 횃불로 자신을 불태울 선각자가 되어야 한다. 선각의 깨달음을 펼쳐 보인 이승만은 선각의 희생마저도 담당하려고 한다.

"목숨을 바칠 각오로 대한제국의 자유와 독립을 나 혼자라도 지키며, 우리 2천만 동포 중 1999만 9999명이 모두 머리를 숙이거나 모두 살해된 후에라도 나 한 사람이라도 태극기를 받들어 머리를 높이 들고 앞으로 전진하며, 한 걸음도 뒤로 물러나지 않을 것을 각자 마음속에 맹세하고 다시 맹세하고 천만 번 맹세합시다."

이승만의 결단은 결단이면서 동시에 예언이었다. 이천만 가운데 홀로 남겨져도, 조국의 자유와 독립을 위해서 끝까지 싸우겠다는 다짐은 그의 일생을 통해서 실제로 실천되었다. 일본 제국주의를 물리치고 공산화를 저지하는 싸움을, 그는 거의 혼자 힘으로 해냈다. 스물 아홉 살, 젊은 죄수의 심장에 새겨진 비원(悲願)이 우리 민족의 운명이 되고 축복이 되고 길이 되었다. 그야말로 전형적인 영웅의 길, 파란만장하며 장엄하고 고통스러우며 고독한, 위대한 길이었다.

시인, 감옥에서 노래하다

예닐곱 살에 이미 문학적인 재능을 드러냈고 "고목가"로 우리 문학사에 새로운 지평을 연 이승만은 감옥에서 빼어난 한시들을 남겼다. 그가 남긴 시들은 모두 200여 편인데 그중에 143편이 한성 감옥에서 쓰여졌다.

몸은 매였지만 마음은 시의 세계를 자유로이 오가고 있었던 것이다. 옥중 동지 유성준은 시를 짓는 정황을 멋스럽게 들려준다. "교교한 달빛이 철창으로 들이치는 밤이면, 등불을 치우고 입으로 시를 지어 들려주었다."

"죄수복을 입고 옥살이를 하며" 는 푸른 빛깔의 죄수복을 입고 노역에 동원되는 심정을 노래한 시이다. 자신의 상황에 대한 안타까운 묘사, 그럼에도 굽히지 않는 지사(志士)다운 절개를 표현했다.

선비가 궁해지면 독서를 후회하니
벼슬이 빚어낸 삼년간의 감옥살이
쇠줄에 묶여 다니며 새롭게 정들지만
용수(죄수의 얼굴을 보지 못하도록 가리는 기구)를 쓰고 보니 옛 친구도 낯설구나
예부터 영웅은 옷 속에라도 이가 있다는데
지금은 고기 없이 밥 먹는 나그네 신세
때가 되면 모든 일이 뜻대로 되리니
죽을지언정 장부의 마음 변함이 있으랴

고기 없이 밥을 먹는 나그네 신세인데, 그나마 식사마저도 형편없었다. 이승만의 작품 중에는 감옥의 부실한 식사를 꼬집은 '관식(官食)'이란 시도

있다.

우거지국 맑기가 비 갠 연못 같은데
이 방 저 방 골고루 나누어 주네
밥상이 아니라도 배부르고 자리도 항상 젖고
반 사발밥이라 씀바귀도 달기만 하네
나물은 싱거워 소금이 생각나고
깨물리는 모래알 옥같이 희네
얼굴 가득한 부황기로 사람마다 하는 말이
이거나마 하루 세 때 먹어봤으면

"병들어 죽은 죄수를 슬퍼함"이란 애절한 노래도 있다. 콜레라가 창궐하던 당시 눕혀진 시체가 어물전의 물고기 같았다는 김형섭의 증언이 떠오르게 하는 시이다. 유물이라곤 집에서 온 편지 뿐, 종이 한 장 손에 쥔 채로, 죄수로 죽어야하는 인생에 대한 연민이 느껴진다.

홀로 은혜가 못 미친 말라빠진 물고기
땅 속에 눕는 것이 차라리 감옥보다 나으리
죽어 황천에서는 쉬이 친구를 만나겠지만
살아있어 오히려 명부(冥府)의 친척들 보지 못할 터
죽은 뒤 옛 이름은 기록으로 남고
손 안의 유물은 집의 편지 뿐
올해에는 나라의 경사로 특사가 많았는데

아, 그대는 마침내 죄를 지은 채 돌아갔네.

한성 감옥에는 수준급 한시 작가들이 몇몇 있었다. 이승만은 그들과 서로 시를 지어 화답하기도 했다. "이유형의 팔조시에 화답함"에는 감옥에서 성숙된 이승만의 정치 의식을 보여준다. 정치의 급선무는 외교이며 국가가 고립되면 위태롭다는 시구에서, 이승만의 외교 중시 노선이 이미 한성 감옥에서 형성되었음을 알 수 있다.

정치의 급무는 외교에 있고
일일랑 마땅히 전문가에게 물어봐야지
고립되면 나라의 존립이 위태로우니
자유로서 백성을 인도합시다
그릇된 옛법은 선뜻 고치고
신식도 좋으면 받아들이소
오늘엔 교육이 가장 중요해
양병(養兵)은 전쟁을 막을 뿐이고

한성 감옥, 우리 민족의 골고다

앞에서 살펴보았듯이, 이승만은 한성 감옥에서 놀라운 변화를 겪었다. 기독교인이 되었고 엄청난 독서량으로 당대 최고의 지식인이 되었으며 우리나라 최초의 전도왕이 되었다. 탁월한 영어 실력을 쌓았고 학교를 개설하고 도서관을 설치했으며 「독립정신」을 비롯한 수많은 걸작을 저술했다.

다른 사람이 평생 한 가지도 이루기 어려운 일들을 모두 이루어낸 곳은 감옥이었다. 감옥에는 무엇이 있었을까? 감옥에서 이승만은 누구를, 무엇을 만났을까?

첫째로 사람이 감당하기 어려운 고난이 있었다. 허문도(許文道)는 이승만의 일생을 다음과 같이 논평한다. "맹자가 설파하고 있지만, 한 사람의 큰 지도자를 있게 하기 위해 하늘이 과한다는 연마 과정에 이승만의 일생은 너무도 들어맞는다는 느낌을 준다.

맹자는 하늘이 장차 어떤 사람에게 대임(大任)을 맡기려 할 때에는 반드시 먼저 그 마음을 고뇌하게 하고, 그 살과 뼈를 고달프게 하며, 그의 배를 굶주리게 하고, 그의 몸을 곤궁하게 하며, 또한 하는 일마다 어긋나고 뒤틀어지게 하는데, 그렇게 함으로써 그의 마음을 분발시키고 타고난 성정(性情)을 강인하게 만들며, 그의 부족한 점을 키워주는 것이다."[34]

감옥에는 큰 인물을 만들기 위한 큰 고난이 있었다.

둘째로 감옥에도 하나님이 계셨다. 하나님은 고난의 한복판에서 이승만을 만나주셨다. 고난은 그를 향한 하나님의 초대장이었던 것이다. 이승만도 그 점을 깨달았다. 1903년 9월 〈신학월보〉에 실린 "두 가지 편벽됨"이다.

"나는 하나님의 은혜를 다 감사히 여기는 중에 한 가지 가장 간절히 감사하게 여기는 바는 다만 하나님의 교가 이 세상에 제일 가난하고 하찮고 괴롭고 악하고 우환(憂患) 고초(苦楚)가 있는 곳마다 특별한 효험이 되는 일이라.

나는 이것을 가장 감사히 여기며 성경의 모든 말씀을 알아듣는 것은 다 지극히 좋고 지극히 간절한 줄로 믿되, 그 중에 더욱 간절히 감동되는 것은 세상에 환자가 있는 고로 의원(醫員)이 쓸 데가 있느니라 하심이라. 이것은 다 사람의 개인의 뜻으로는 나올 수 없는 말씀으로 믿을지라.

이러므로 사람의 극히 어려운 지경은 곧 하나님이 감화시킬 기회라 하나니, 예컨대 논에 물이 마르고 뜨거워 고기가 살 수 없게 된 후에야 스스로 새 물길을 얻어 강과 바다를 찾아갈지라... 대한 사람들의 새 물줄기는 예수교라.”

셋째로 민족을 향한 희망이 있었다. 고난 속에서 이승만을 만나주신 하나님은 동일하게 고난당하는 우리 민족을 만나주실 수 있다. 고난이 있어서 이승만이 하나님을 찾았던 것처럼, 민족의 고난이 하나님을 찾게 하는 기회가 될 것이라고 이승만은 믿었다.

감옥에서 나온 뒤에 이승만은 민족의 고난에 대한 신학적 해석을 전개했다. 1908년 6월 15일 피츠버그 기독교 대회에서 행한 연설의 기록이 남아있다.

“자기들의 나라가 떨어질 대로 떨어진 어둠 속에서 한국 사람들은 자기들을 들어 올려 줄 어떤 위대한 능력을 필요로 한다는 것을 갑자기 느끼게 되었습니다. 그들은 이 세상에서는 무슨 힘도 그들을 들어 올려 줄 수가 없다는 것을 잘 알고 있습니다. 그들의 썩어빠진 정부는 정화되어야 하고, 그들의 마음과 힘은 갱생되어야 합니다.

그러나 공자나 부처님은 그렇게 하지 못했습니다. 만일 한국이 구원을 얻을 수 있다면, 이 세상의 구세주이신 예수 그리스도만이 그렇게 하실 수 있을 것입니다. 그분만이 참다운 구원을 주실 수 있고 또 주실 것입니다...

하나님은 우리에게 큰 기회를 주셔서 한국 사람들이 민족적 오만과 조상 숭배와 전래의 미신을 버리고 빈 마음과 겸손한 정신으로 예수 그리스도를 맞이할 수 있도록 하셨습니다."

감옥 생활은 이승만에게 큰 인물이 되도록 연단 받는 큰 기회였다. 마찬가지로 나라를 잃어버리는 고난이 하나님이 주신 큰 기회가 되어, 민족을 예수 그리스도께로 인도할 것이라고 그는 믿었다.

넷째로 사람들이 있었다. 그들은 같은 시간, 같은 장소에서 함께 고난받으며 하나님을 만나는 은혜를 입었다. 훗날 정치가, 외교가, 교육자로 다양하게 활동했던 이승만은 감옥에서 평생의 동지들을 만났다.

미국 유학을 떠날 때 감옥의 부서장 이중진이 여비를 대주었다. 하와이를 독립 운동의 근거지로 삼도록 박용만이 충고했다. 한성 정부의 집정관 총재로 추대하여 훗날 임시 정부 대통령이 될 수 있는 길을 놓아준 이는 이상재였다. 그들은 모두 한성 감옥에서 만난 '복당 동지'들이었다.

이는 성서의 요셉을 연상케 한다. 요셉은 억울하게 누명을 쓰고 감옥에 갔다. 하지만 그곳에서 만난 파라오의 고관을 통해서 훗날 총리가 될 기회를 잡는다. 요셉이 총리가 되어 지혜로운 정책을 펼침으로써, 수많은 사람들이 7년 대기근을 견디고 살아갈 수 있었다.

이승만 역시 억울하게 옥살이를 했지만, 그곳에서 만난 사람들이 유학, 하와이 정착, 임시 정부 대통령 취임을 도와주었다. 그들이 독립 운동의 동료가 되었고 건국의 동지가 되었다. 이승만이 최고 지도자가 되어 공산 세력으로부터 수많은 생명을 구출할 수 있었던 중요한 인맥이 한성 감옥에서 맺어졌다. 그들은 진정 "복당동지(福堂同志)"들이었다.

다섯째로 그곳에 '국민'(國民)이 있었다. 독립협회 회장을 지낸 윤치호는 이런 글을 남겼다. "…이런 유형의 사람들에게 희망을 걸었다니, 우리는 참으로 어리석었다. 임금이 그렇듯이 국민들도 모두 마찬가지다. 그들이 노예로 사는 것은 당연한 일이다."

그것은 윤치호만의 의견은 아니었다. 멸망해가는 나라의 백성들의 무능과 못남을 지적하는 글들은 차고 넘쳤다. 하지만 예수 그리스도를 만난 이승만은 백성들을 향한 사랑을 품었다. 그가 감옥에서 쓴 글이다.

"저 순한 인민이 다 죄가 있어 멸망에 들어감이 어찌 어지신 하나님의 슬피 여기심이 아니리요. 이에 구원할 길을 열어주시니 곧 예수 그리스도를 세상에 보내사 천도(天道)의 오묘한 이치를 드러내고…

필경은 세상 인민의 죄를 대신하여 목숨을 버리사 천만고 사람들로 하여금 믿고 돌아와서 죄를 자복하고 다시는 악에 빠지지 말아서 용서를 받고 복을 받게 하셨나니 순전히 사랑함이 아니면 어찌 남을 위하여 몸을 버리기에 이르리요."

이 글은 이승만의 애민(愛民) 정신이 기독교 신앙에서 기원하고 있음을 분명히 보여준다. 당대의 수많은 지식인들이 손가락질했던 바로 그 백성들을 위해서 예수님이 십자가에서 목숨을 버리셨다. 그들이 멸망하는 것을 슬퍼하셔서 백성들에게 하늘의 이치를 보여주셨고 용서의 길을 열어주셨다.

그렇다면 그 백성들의 무능과 무지를 손가락질해서는 안 된다. 그들이 노예로 사는 것을 당연시해서도 안 된다. 예수께서 죽으심으로 백성들을 구원하신 것처럼, 고난을 통해서 백성들을 살려내야 한다. 이것이 이승만이 일생을 쏟아 부으며 추구한 복음적 애민 정신이다.

그의 가장 위대한 업적은 '우매한 백성'을 일깨워 '교화된 국민'(國民)이 되게 한 것이다. 그 비전은 한성 감옥에서 주어졌다.

여섯째로 내일을 위한 준비가 있었다. 이승만이 감옥에서 노트에 쓴 글 중에 "세계의 유명 인사록"이 있다. 그 글에는 1900년 전후 일본 정치가들의 이름이 다수 등장한다. 나중에 그가 국제 무대에서 직접 상대하게 되는 미국의 헤이 국무장관이나 태프트 대통령 등에 대해서도 상세하게 적어놓았다. 미국의 대통령제가 어떻게 운영되고 있는지도 이미 감옥에서부터 연구한 주제였다.

그것은 기약 없고 허황된 행위였다. 세계에서 제일 가난한 나라의 비참한 감옥에 중죄수로 갇혀버린 청춘(靑春)이 세계의 주요 지도자들에 대해서 연구를 한들 어디에 쓸 것인가. 목숨 하나 부지하기 어려운 판국에, 살아서 감옥을 나갈 수 있을지도 불확실한 상황에서 유명 인사들의 활동 상황을 받아 적은들, 무슨 소용이 있겠는가.

그러나 그것은 위대한 비전이었다. 감옥으로도 쇠사슬로도 묶을 수 없는 열망이었다. 훗날의 역사가 이를 증명한다. 이승만은 미국의 고위 관료들이 인정했듯이, 세계 정세에 누구보다도 정통한 인물이었다. 세계를 주무르는 강대국의 지도자들도 이승만 앞에서는 쩔쩔 맬 수밖에 없었다.

그것은 한성 감옥에서부터의 치열한 준비가 만들어낸 결과였다. 감옥에서 그는 세계 최강의 지도자들을 상대할 준비를 하고 있었던 것이다. 간수들의 눈을 피해가며 세계적인 리더들의 이름, 프로필, 업적을 한 자 한 자 적어 내려가면서, 이승만은 그들과 어깨를 견줄 리더로 부상하고 있었다.

하나님은 할 일없이 빈둥거리는 사람을 리더로 부르신 적이 없다. 하나님께 부름받는 장면은 하나같이 성실하고 치열한 현장이었다. 엘리사는 밭을 갈다가, 베드로는 그물을 던지다가, 마태는 세관에서 계산기를 두드리다가 소명(召命)을 받았다. 성실은 소명의 출발이요 애국의 시작이다.

일곱째로 한성 감옥은 우리 민족의 골고다였다. 그곳에 십자가가 세워졌다. 한성 감옥에서 십자가를 통한 하나님의 구원 역사가 나타났다. 하나님은 권력자 헤롯의 화려한 왕궁을 통해서 구원을 이루시지 않으셨다. 바리새인과 사두개인의 고고한 학당을 통해서 복음을 베풀지 않으셨다.

인류를 구원하기 위한 하나님의 활동은 골고다의 십자가에서 나타났다. 그곳은 가장 처참하고 가장 비참하며 가장 참혹한 곳이었다. 십자가에는 억울함과 고통과 잔인함만이 있을 뿐이었다. 그런데 하나님은 가장 야만적인 십자가를 통해서 인류 구원이라는 가장 찬란한 대업(大業)을 이루셨다.

한성 감옥은 기울어가던 조선의 야만적인 밑바닥이었다. 사람이 살 수 없는 생지옥이었다. 그곳에서 하나님은 우리 민족을 구원하시기 위한 놀라운 일을 시작하셨다. 이 나라를 이끌어갈 애국자들은 같은 시기, 같은 장소에서 같은 고난을 받았다.

그들 중의 한 사람 이승만에게 성령의 불꽃이 임했다. 그것은 불씨가 되어 감옥으로 번졌다. 날마다 성경을 읽고 기도하며 민족 복음화와 기독교 입국의 꿈을 담은 이들은 불덩어리가 되었다. 그들이 훗날 조선 팔도로, 하와이와 미국으로, 만주와 시베리아와 일본으로, 우리 민족이 사는 곳 어디에나 번져간 신앙과 애국의 불길이 되었다.

이승만은 감옥 생활을 다음과 같이 요약했다. "나는 6년 동안의 감옥살이에서 얻은 축복에 대해서 영원히 감사할 것이다" 이승만과 옥중 동료는 한성 감옥을 복당(福堂)이라고 불렀다. 그곳은 그들만이 아닌, 우리 민족 모두의 골고다였고 축복의 집이었다.

제 **3** 장

유학과 망명,
고단하고 위험한 세월

▲ 1938년 이승만이 주도하여 세워진 하와이 한인교회. 서울의 광화문을 모델로 건축했으며 독립운동의 구심점이 되었다.

▲ 1944. 8. 29 이승만이 주도한 〈한미협의회〉의 뉴욕 아스토리아 호텔 만찬. 미국 각계의 리더들이 대한민국 임시정부 승인을 미국 정부에 요청했다.

유학과 망명, 고단하고 위험한 세월

선교사들의 노력과 이승만의 석방

이승만이 감옥에서 고생하는 동안 선교사들은 석방을 위한 노력을 계속했다. 1900년 겨울 고종 황제는 언더우드 선교사에게 적당한 시기에 우선적으로 석방하겠다고 약속했지만, 지키지 않았다. 약속을 지키지 않는 고종의 고질적인 특징은 여러 차례 반복되었다.

이승만의 배재학당 스승 아펜젤러는 끈질기게 구명 활동을 벌였다. 여러 선교사들과 연합하여 청원서를 제출하기도 했다. 이승만의 지나친 정치 편향을 염려하기도 했고 그러다가 목이 달아날 것이라고 경고하기도 했던 그는 이승만이 한국 기독교의 거목(巨木)이 될 것을 믿어 의심치 않았다. 선교사요 스승의 심정으로 아펜젤러는 감옥에 갇힌 이승만 뿐 아니라 곤란을 겪고 있던 그의 가족들도 보살폈다. 이승만의 가족들이 곤경에 처했을 때, 담요와 땔감을 보내주기도 했다.

아펜젤러는 이승만을 위해서 백방으로 노력했지만, 끝내 출옥은 보지 못했다. 성경 번역 사역을 위해서 가던 중 선박의 충돌 사고가 일어나 목포

앞바다에서 익사(溺死)했기 때문이다. 두 척의 배가 부딪히는 위기의 순간에, 아펜젤러 선교사는 안전했다. 하지만 위험에 처한 학생들을 구출하려다가 생명을 잃었다.

사람은 살아온 모습 그대로 죽는다. 그의 최후는 제자들을 사랑했던 스승, 한국인을 사랑했던 선교사의 일생이 축약된 장면이다. 옥중에서 소식을 들은 이승만은 식사도 거른 채 하루를 넘게 통곡했다.

아펜젤러가 세상을 떠난 뒤에도 선교사들은 구명 운동을 계속했다. 그들의 노력과 한규설(韓圭卨)의 후원으로 1904년 8월 7일, 5년 7개월 만에 이승만은 석방되었다.

선교사들이 영향력을 끼칠 수 있었던 것은 그들과 고종 황제와의 관계가 특별했기 때문이다. 명성 황후 시해 사건 당시 친일파가 궁중을 장악할 때, 언더우드, 애비슨, 헐버트는 목숨을 걸고 고종을 보호했다. 매일 궁중을 드나들면서 고종에게 음식을 제공하고 밤에는 당직을 서가면서 고종을 지켜주었다. 고종이 생애 최악의 위기에 처했을 때, 음으로 양으로 도와주었던 황제의 은인(恩人)들이었다. 그들이 알렌 공사와 함께 이승만의 출옥을 고종 황제에게 요청했다.

여기에서 한 가지 짚고 넘어가야할 점이 있다. 선교사들의 이승만 석방을 위한 노력은, 사실 규정 위반이었다. 1897년 5월 11일 미국 정부는 셔만(Sherman) 국무장관 명의로 훈령을 내렸다. 한국에 있는 선교사들은 선교, 교육, 의료 사업을 제외한 토착 정치에 절대로 개입하지 말라는 경고였다.

따라서 알렌 공사와 미국 선교사들이 정치범 이승만의 석방을 위해서 베풀었던 여러 조치들, 그중에서도 내부 협판에게 진정서를 제출한 것은 훈령 위반 행위였다.[35] 이처럼 미국 선교사들은 본국 정부의 훈령을 어기면서까지 이승만을 비호하고 있었다.

그만큼 이승만에 대한 기대가 컸기 때문이다. 선교사 학교를 졸업한 천재가 종횡무진 언론계와 정치계를 누비다가 감옥에 가서 진실한 기독교인으로 거듭난 이야기는 선교사들에게는 너무나 감동적이고 너무나 전형적인 스토리였다.

게다가 감옥에서 40여 명의 상류층을 기독교로 이끌고 학교를 세우며 도서관을 운영하고 논설을 쓰면서 일취월장하는 이승만에게서 그들은 조선의 미래를 보았다. 조선을 복음화 할 중심인물로 이승만을 지목한 것이다. 훗날의 역사에 비추어볼 때, 그들의 예감은 적중했다. 그것은 선교사들에게 내려진, 일종의 영감(靈感)이었다.

대한제국의 비밀 특사 활동

1900년 8월 8일에 〈황성신문〉에 "청자(請者)나 절자(絕者)나"라는 제목의 논설이 실렸다. 우리말로 번역하면 "청한 놈이나 거절한 놈이나" 정도로 읽을 수 있다. 군이 '놈'자를 쓴 것은 조선을 집어삼키려는 도둑놈들의 시도였기 때문이다.

기사는 러시아가 일본을 향해서 한반도를 둘로 쪼개어 나누어갖자는 제안을 했는데, 일본이 거절했다는 내용이었다. 일본 혼자서 다 먹겠다는 심보였다. 청한 놈이나, 거절한 놈이나 남의 나라를 물건처럼 주고받으려는 도둑놈들이었다.

이 사건은 우리 역사에 '최초'의 선례를 남겼다. 정부는 〈황성신문〉의 사장 남궁억(南宮憶)을 구속시켰다. 언론인이 신문 기사 때문에 구속된 최초의 필화(筆禍) 사건이다.

〈황성신문〉의 보도가 보여주듯이, 조선의 끝이 다가오고 있었다. 이승만이 출옥할 무렵에 일본 공사가 황제의 면담을 요구했다. 고종이 거절했지만, 일본인은 막무가내로 면담을 진행했다. 일개 외국 외교관의 요청을 거절하는 것조차 불가능할 만큼, 황제에겐 힘이 없었다. 나라는 혼란을 지나 파국(破局)으로 치달았다. 이승만은 자유를 얻었지만, 조선은 자유를 잃어가고 있었던 것이다.

러일 전쟁의 승자가 조선을 삼키는 것은 점점 가시화되고 있었다. 이에 조선 정부가 나름대로 생각해낸 해결책이 있으니, 곧 미국이다.

1882년 조선이 오랜 은둔에서 벗어나 서양 국가 중에서는 처음으로 미국과 국교를 맺을 때, 조약 1조는 이런 내용이었다.

"만약 제 3국이 양국 중 어느 한 나라에 어떤 불공평하고 경솔한 행동을 하면 그들은 상호간에 통보를 하고 반드시 서로 도와야할 것이고 알선을 통해 평화적인 타협에 도달할 수 있게 하며, 그렇게 함으로써 그들의 우호 관계를 보이도록 한다."

나라가 위태로운 지경이 되었을 때, 조선의 집권자들은 이 조약을 떠올리고 미국에게 도움을 요청하려고 했다. 명성 왕후의 조카로 당시 가장 걸출한 지도자 중의 하나인 민영환(閔泳煥)과 이승만의 출옥을 도와준 한규설(韓圭卨)은 비밀리에 미국에 조약 이행을 요청하는 특사를 보내고자 했다. 특사로 거론된 인물은 이제 막 출옥한 이승만이었다.

사람 운명이 한순간에 바뀌었다. 역적이었던 이승만이 갑자기 국운(國運)이 걸린 중대사를 떠맡게 된 것이다. 이런 일이 가능했던 이유는 탁월한 영어 실력 때문이었다. 이미 22세에 외교관들과 고관대작들 앞에서 영어 연설 실력을 발휘한 바 있었지만, '한성 감옥 대학'에서 그의 영어 실력은 눈부시게 향상되었다.

출옥한 이승만을 면회한 윤치호는 1904년 8월 9일자 일기에 이런 기록을 남겼다. "거의 6년간의 수감 생활 후 어제 석방된 이승만을 방문하였다. 그는 비범한 젊은이다. 감옥에 있으면서 그는 영어를 너무나 잘 가다듬어서 영어로도 훌륭한 논문을 쓸 수가 있게 되었다."

1904년 11월 5일, 이승만은 조선에 호의적이라고 알려진 딘스모어 의원에게 보내는 정부의 밀서(密書)를 가지고 미국으로 떠났다. 이때 여행 비용을 제공한 사람이 한성 감옥의 형무소 부서장이었던 이중진이었다. 이승만이 감옥에서 끼친 감화가 어느 정도였는지를 또 한번 보여주는 사례이다.

이승만이 워싱턴의 한국 공사관에 도착했을 때, 그곳의 서기관 김윤정(金潤晶)과 대리공사 신태무(申泰武)는 심각한 갈등을 빚고 있었다. 이승만이 김윤정에게 자신의 비밀 업무를 털어놓았을 때, 김윤정은 일이 성사되도록 도와주겠다고 약속했다.

다만 신태무에게 알리면 방해를 할지 모르니, 그에게는 비밀로 해달라고 요청했다. 또 자신이 대사관의 공사로 승진하면 이승만의 특사 활동을 전폭적으로 지원하겠다고 약속했다. 이승만이 1882년 한미 수호조약의 발효를 미국 국무부에 공식적으로 요청할 의시가 있는지를 질문하자, 당연히 그렇게 하겠다고 대답했다. 이에 이승만은 민영환에게 김윤정을 추천하여 그가 워싱턴 주재 한국 공사가 되도록 도와주었다.

이승만은 특사의 역할을 충실하게 감당했다. 민영환과 한규설의 친서를 딘스모어 하원의원에게 전달했고, 헤이 국무장관과의 면담을 주선 받았다. 독실한 기독교인이었던 헤이 장관은 한국 선교에 관심을 표명하고 돕고자 하는 뜻을 보여주었다. 이승만은 크게 고무되었지만, 헤이 장관이 이듬해 갑자기 사망함으로써, 소기의 성과를 거둘 수 없었다.

이 무렵 이승만에게 민영환과 한규설의 밀서 이외에 전달해야 할 또 하나의 문서가 있었다. 1905년 7월 5일 윌리엄 태프트(William Taft)를 단장으로 한 미국의 아시아 순방단이 샌프란시스코에서 출발했다.

단장인 태프트는 훗날 시어도어 루즈벨트의 뒤를 이어 27대 대통령으로 취임했을 만큼, 정계의 실력자였다. 루즈벨트 대통령의 딸 앨리스도 참여했던 순방단은 100여일 동안 하와이, 일본, 필리핀, 중국, 대한제국을 항해했다.

순방단이 하와이를 경유할 때, 그곳에 거주하던 교민들은 성대한 환영대회를 열었다. 그리고 일본의 위협으로 위태로운 대한제국의 상황을 설명하며 미국의 도움을 간청했다. 태프트는 대단히 동정적인 태도를 취하며 대통령에게 보내는 소개장을 작성해주었다.

이에 크게 고무된 교민들은 "하와이 거주 한국인이 루즈벨트 대통령에게 드리는 청원서"를 작성했다.

이승만은 하와이 교민을 대표한 윤병구(尹炳求) 목사와 함께 태프트의 소개장을 앞세워 1905년 8월 4일, 뉴욕시 동쪽 오이스터만의 루즈벨트 대통령 별장을 방문했다. 그들을 만난 루즈벨트는 대단히 호의적이었다. "귀국을 위한 일이라면 무슨 일이건 할 용의가 있다"고 말했다.

다만 외교적인 일은 정식 절차를 밟아야하니, 청원서를 워싱턴의 한국 공사관을 통해서 제출하라고 권유했다. 그러면 러시아와 일본의 평화 회담에 즉각 제출하겠다고 약속했다.

이승만은 날아갈 듯이 기뻐했다. 희망에 부풀어 워싱턴의 한국 공사관으로 달려갔다. 정식 외교 경로를 거쳐야할 경우, 적극 도와주겠다고 했던 김윤정에게 자초지종을 말했다. 그러나 김윤정은, 이승만이 알던 그 김윤정이 아니었다.

사실 그는 이중 플레이를 하고 있었다. 이승만에게는 자신이 공사가 되면 적극 협력하겠다고 말했다. 동시에 워싱턴의 일본 공사에게 이승만의 활동을 상세히 보고하며, 자신이 한국 공사가 되면 일본에 적극 협력하겠다고 약속하기도 했다. 훗날 김윤정은 일본 측에 협력한 결과로 전라북도 도지사가 되기도 했다.

김윤정은 이승만의 요청을 거절했다. 마른하늘에 날벼락을 맞은 이승만은 멍해졌다. 순간, 4천년 역사를 지닌 이 나라가 이제 망하는구나 하는 생각에 망연자실했다.[36]

정신을 가다듬은 이승만은 길길이 날뛰며 화를 내고 애원하고 협박도 해보았지만, 소용이 없었다. 오히려 경찰을 부르겠다는 김윤정의 위협을 받으며 공사관에서 쫓겨났다.

임페리얼 크루즈, 대한제국 침탈 외교

시간은 많은 것을 드러낸다. 그때는 보이지 않고 알 수도 없었던 것들이 시간의 흐름을 따라 가면을 벗고 정체를 드러낸다. 이승만의 해프닝도 마찬가지이다. 당시의 이승만은 김윤정의 배신에 치를 떨었다. 하지만 그가 배신하지 않았다면 상황이 달라졌을까?

훗날 밝혀진 사실들은 김윤정이 친일파가 아닌 애국 지사였다고 해도 결과는 똑같을 수밖에 없음을 보여준다.

민영환, 한규설, 이승만이 기대를 걸었던 조미 수호 조약이 체결되던 1882년 5월로 거슬러올라가 보자. 조선 조정은 순진할 만큼 솔직했다. 미국 해군 슈펠트(Shufeldt) 제독에게 서구 제국주의 세력에 대한 불신을 솔직히 토로했다.

그러나 실상 자신들의 가장 큰 염려는 일본의 침략이라는 점도 그대로 밝혔다. 그들은 한미조약이 외세 침략에 대한 확실한 보장이 되지 않는 한, 외국인들을 받아들일 수 없다고 주장했다.

슈펠트는 바로 그것이 한미 조약의 목적이라고 확약했다. 그의 말이 꼭 외교적인 수사(修辭)만은 아니었던 것 같다. 미국 상원에서 조약을 심의하는 과정에서도 슈펠트가 같은 말을 했기 때문이다.

이처럼 조선과 미국은 솔직한 의견을 주고받고 약속을 맺었다. 문제는 두 나라가 약속 자체를 보는 시각이 판이하게 달랐다는 점이다. 조선 수뇌부는 동양적 국제 질서의 오랜 관행이었던 사대주의 관점에서 벗어나지 못하고 있었다. 미국과의 조약을 과거의 청나라 같은 대국(大國)과의 관계로 생각하고 있었다.

즉 미국같이 풍요하고 강한 나라와 조약을 맺으면, 임진왜란 때 명나라가 조선을 도와준 것처럼 유사시(有事時)에 미국이 도와줄 것이라고 생각했던 것이다. 조선 왕조의 오백년 사대주의가 낳은, 의존심에 찌들대로 찌든 시각이다.

하지만 미국에게 종주국이니 사대주의니 하는 동양적 질서는 낯선 것이었다. 조약을 맺었다고 해도 그 기본 전제는 자신의 나라는 자신이 지켜야 하는 것이었다. 조약 한 번으로 남의 나라 안전까지 책임져야한다는 것은, 약육강식이 극심하던 당시의 국제 질서로 볼 때 비현실적인 생각이었다.

국가 간의 조약은 당연히 힘으로 뒷받침되어야 하고 국제 정세의 변화에 따라 얼마든지 바뀔 수 있다는 것이 그들의 기본 관념이었다. 상황이 달라졌고 또 조약을 어긴다고 크게 위험해지지 않으면, 얼마든지 기존의 조약을 파기하고 새로운 조약을 맺을 수 있다는 것은 국제 관계의 상식이었다.

따라서 같은 조약에 서명을 했지만, 미국과 조선은 완전히 다른 내용의 조약문을 가지고 있었다.[37]

그렇다면, 국제 관계를 좌우하는 '힘'이라는 관점에서 미국은 조선을 어떻게 보고 있었을까? 1905년 10월 7일자 〈아웃룩(Outlook)〉지에는 이승만이 찾아갔던 시어도어 루즈벨트의 동료였던 조지 케넌이 쓴 글이 실렸다.

"농촌뿐만 아니라 도시도 관찰의 대상에 넣고 육체적, 지적, 도의적인 특징을 포함하여 우리의 관찰 분야를 확대해보면, 우리의 첫인상은 굳어

버리고 한국인에 대한 우리의 불신감은 하나의 신념처럼 되어버린다. 그들은 기울어진 동양 문명의 녹슨 소산물(所産物)이다.

현존하는 한국 정부의 활동 실태는 간단하게 다음과 같이 요약될 수 있을 것이다. 정부는 국민으로부터 그들이 간신히 생계를 위하여 벌어들이는 모든 것을 간접 또는 직접으로 수탈하여 실제로 되돌려 주는 것은 아무것도 없다. 생명과 재산에 대한 아무런 보호책도 제공되지 않는다.

눈에 뜨일만한 아무런 교육 시설도 제공하고 있지 않다. 도로 건설도, 항만 개량도 하지 않는다. 해안에 등대도 없다. 도로의 청소와 위생에 대하여 아무런 관심도 기울이지 않는다. 전염병의 예방이나 단속 방안도 취하고 있지 않다.

무역과 산업을 장려하는 노력도 없다. 가장 저속한 미신을 장려하고 있다. 현대에 거의 유례가 없을 정도로 인권 문제를 다루는데 있어 거짓과 부정과 배신과 잔인성과 세상을 비웃는 만행을 일삼는 본보기를 국민에게 보임으로써 그들을 타락시키고 풍속을 문란시키고 있다."[38]

조선 정부의 활동을 요약할 글에는 '없다'가 반복된다. 국민을 보호하고 국가를 발전시키는 일은 없다. 다만 가끔씩 '있다' 가 동사로 쓰이는데, 이 때의 주어는 '저속한 미신', '거짓과 부정과 배신과 잔인성과 만행'이다.

이것이 그 당시 미국인들의 적나라한 시선이었다. 스스로 문제를 해결할 힘이 없는데다가, 미국의 특별한 이해관계가 걸려있지도 않고, 악행이나 저지르고 있는 조선 정부를 돕기는 어려웠다.

당시의 국제 정세 역시 조선에게 불리했다. 미국은 러시아의 팽창에 신경을 곤두세우고 있었다. 러시아는 국제적인 압력을 가하여 일본이 부당하게 빼앗은 요동 반도를 중국에 돌려주도록 했다. 그러고는 3년 후에 자신들이 요동 반도를 차지하고 군대를 주둔시킴으로써, 만천하에 야욕을 드러냈다.

이에 러시아의 남진(南進)을 막고자 영국이 일본과 동맹을 맺었고, 미국역시 같은 편이었다. 이는 러일 전쟁 당시 영국과 미국이 일본을 적극 지원한 것에서도 분명히 드러난다.

더군다나 미국 대통령 시어도어 루즈벨트는 일본의 발전상에 깊이 매료되어 있었다. 후발 주자가 메이지 유신 이후로 눈부시게 성장하는 모습에 찬사를 보내는 반면, 조선의 후진성에는 경멸에 가까운 감정을 품고 있었다. 그는 "러시아를 억제하기 위해서 일본이 한반도를 가져야 한다. 일본이 조선을 차지하는 것을 보고 싶다. 조선은 자신을 지키기 위해 주먹 한번 휘두르지 못했다"고 말하기도 했다.

루즈벨트는 말만 한 것이 아니었다. 일본의 한국 침탈을 돕는 적극적인 행동에 나섰다. 이 사실은 그로부터 19년이 지난 1924년에야 세상에 알려지게 되었다. 존스 홉킨스대학교의 데넷 교수가 루스벨트의 서한집에서 발굴한 자료를 토대로 "가쓰라 - 태프트 밀약"을 폭로했다.

그 내용은 1905년 7월 27일, 도쿄에서 일본 수상 가쓰라와 미국 육군 장관 태프트가 일본이 한국을, 미국이 필리핀을 차지하는 것에 합의했다는 것이다. 7월 31일 루즈벨트는 전보를 보내어 "태프트가 한 말에 모두 동의한다" 고 밝혔다. 조선의 입장에서 보면 태프트와 루즈벨트가 사실에 확인 사살까지 한 셈이다.

이처럼 미국은 이미 일본을 밀기로 결정해 놓은 상태였다. 따라서 이승만의 노력이나 김윤정의 배신은 큰 의미가 없는 것이었다. 이승만도 훗날 이점을 깨달았다. 그는 이렇게 말했다. "1882년에 체결한 한미수교 조약은 한갓 외교적 제스처(Gesture)에 지나지 않았다. 한국인들이 그 조약에 기대를 걸었던 것은 어리석고 순진한 탓이었다."[39]

결국 대한제국 특사로서의 활동은 아무런 결실을 맺지 못했다. 하지만 필자의 견해로 그것은 실패로만 끝난 실패는 아니었다. 그것은 훗날 '외교의 신(神)'으로 격찬 받은 이승만이 탄생하기 위한 진통의 시작이었다.

이승만은 이 사건을 시작으로 반세기에 걸쳐서 외교 관계에서 힘이 없는 나라가 얼마나 서러운지를 뼈저리게 느끼게 된다. 강대국들이 흥정의 대상으로 약소국을 얼마든지 팔아넘길 수 있다는 것도 뼈아프게 자각한다. 그 과정을 통해서 국제 관계의 현실을 직면하며 강대국의 논리를 파악하게 된다.

그런 과정과 시련이 쌓이고 모여서 이승만이라는 걸출한 외교가가 역사의 무대에 등장한 것이다. 실제로 이승만은 훗날 미국이 1882년의 약속을 어겼다는 사실을 미국을 압박하는 카드로 적절하게 활용했다.

시간은 점점 더 많은 것을 보여준다. 예수께서 하신 말씀처럼, 감추인 것이 드러나지 않을 것이 없다. 시간은 강력한 폭로자이다. 2009년에 제임스 브래들리(James Bradley)가 쓴 『Imperial Cruise』의 한국어 번역판[40]에는 이런 부제(副題)가 붙어있다. "대한제국 침탈 외교 100일의 기록"

제목이 뜻하는 대로, 제국주의를 싣고 갔던 유람선은 1905년 태프트가 탔던 바로 그 유람선이다. 하와이의 사탕수수밭에서 고생하던 우리 선조들이 피땀 흘려서 모은 한푼 두푼을 내놓아 성대한 환영 대회를 열었던 그 유람선이며, 조국의 멸망을 막으려는 애타는 염원을 전달했던 유람선이다.

제국주의 순방단의 비밀 임무는 앞에서 소개한 바와 같이 미국의 필리핀 강점, 일본의 조선 강점을 서로 인정하는 밀약을 타결 짓는 것이었다. 루즈벨트는 맏딸 앨리스를 동승시켜서 비밀 업무를 은폐하고 언론과 대중의 관심을 호도하는 "바람잡이" 역할을 맡겼다. 한국어판에 붙은 제목처럼, 그것은 대한제국 침탈 외교였다.

7월 14일에 하와이에서 우리 교민들의 눈물어린 간청을 듣고 대통령에게 보내는 소개장을 써주며 동정심을 보였던 태프트는 다음날 호놀룰루를 떠나서 7월 25일에 요코하마에 도착한다. 그리고 이틀 뒤인 7월 27일, 가쓰라 - 테프트 밀약을 맺는다. 그가 조선인들에게 보여준 태도는 철저한 위선이었고 기만이었다.

순방단은 상하이에서 두 팀으로 나누어졌다. 태프트는 미국으로 돌아가고 루즈벨트의 딸 앨리스는 9월 19일 서울에 도착했다. 아무것도 모르는 하와이 교민들이 열렬하게 태프트를 환영했던 것처럼, 고종 황제도 앨리스를 국빈으로 대접했다.

〈황성신문〉은 자신의 나라를 일본에게 넘겨주는 외교 정책을 펴고 있는 미국 대통령의 딸이 지나가는 길을 보수하고 앨리스가 방문하는 곳에 한미 두 나라 국기를 게양하여 환영과 경의를 표하도록 지시한 정부 지침을 보도했다.

스물한 살의 현대판 공주 앨리스는 약소국의 환대에 안하무인(眼下無人)으로 행동했다. 그녀는 고종 황제를 만나기도 했다. 프랑스의 〈프 프티 파리지앵〉은 1905년 10월 8일자에 가마를 타고 대한제국 군대의 경호를 받으며 궁성으로 들어가는 앨리스의 모습을 보도했다. 그리고 한국이 미국적인 말괄량이 아가씨를 상대로 한미 공수 동맹을 맺으려 했다는 기사를 실었다.[41]

때로는 희극(喜劇)이 비극(悲劇)보다 슬프다. 우리나라를 넘겨주는데 일조(一助)한 자들을 향한 지극한 환대, 사탕 수수밭의 노동자로부터 황제에 이르기까지 지극으로 기울인 정성, 역사의 촌극은 비극보다 쓰라리다. 역사를 배우고 연구하고 기억해야 할 이유가 여기에 있다. 또 다시, 비극보다 슬픈 희극의 주인공이 될 순 없지 않은가.

조지 워싱턴과 하버드 시절

이승만의 미국 대학 공부는 감옥 대학의 연장선상에서 이루어졌다. 한성 감옥에서 노트에 자유롭게 쓴 글 가운데 "미국흥학신법(美國興學新法)"이 있다. 우리말로 풀면 "미국의 교육 진흥에 관한 새 제도"가 된다. 이 글은 미국의 공립, 사립학교 제도의 연혁과 현황을 상세히 기술해 놓은 것이다.

미국의 역사, 지리, 정치 제도에 대한 설명도 있다. 아마 여러 권의 책을 읽고 필요한 부분을 옮겨적은 것으로 보인다. 내용을 읽어보면 1870년대 미국의 교육 제도를 환하게 파악할 수 있다. 심지어 유학생들이 생계를 유지하기 위해서 돈을 벌수 있는 일거리에 대해서도 적어놓았다.

여기에서 또 한번, 이승만에 대해서 감탄하게 된다. 언제 풀려날지 모르는 기약 없는 감옥 생활 중에, 그는 미국 유학을 준비해 놓았던 것이다.

조선 정부의 특사로 미국으로 향할 때, 이승만은 민영환과 한규설의 밀서와 함께 선교사들의 추천서를 품고 있었다. 미국 학교에 입학을 하는데 필요하다고 생각되어 받아둔 추천서인데 무려 열아홉 통이나 되었다. 치밀하고 집요한 이승만의 성격을 보여준다.

선교사들은 앞에서 소개한 바와 같이, 본국 정부의 훈령을 어겨가면서 이승만을 도왔을 만큼, 그에 대한 기대가 컸다. 이미 한국에서의 기독교 전파에 상당한 공을 세운 것에 더해서 장차 한국을 기독교 국가로 이끌 리더가 되리라고 예상했다. 그들은 미국의 대학들을 향하여 이승만에게 교육 기회를 줄 것을 요청하는 추천서를 기꺼이 작성해 주었다.

이승만 본인은 김윤정에게 당한 배신이 교육에의 열정을 더욱 불태운 계기가 되었다고 말한다. "어떻게 한국 사람이 저렇게 자기 나라를 배반하고 자기 친구들을 배반할 수 있단 말인가... 나는 한국 사람들이 그처럼 저열한 상태에 빠져있는 한, 한국에는 구원이 있을 수 없다고 결론을 내렸다. 그래서 나는 한국인들에게 기독교 교육을 베풀기 위해 일생을 바치기로 작정하였다."[42]

그가 처음 선택한 학교는 조지 워싱턴 대학이었다. 그 학교는 수도 워싱턴의 한복판, 백악관 바로 옆에 위치해 있었다. 미국 정치의 중심지였기에 정치 지망생들에게 인기가 높았다. 그가 나이 서른에 대학 신입생이 되었을 때, 미국 교육은 처음이었지만, 그의 교육 수준은 대부분의 교수들을 능가했다.[43]

이승만은 장차 기독교 교역자가 되겠다는 의사를 표시하여 목회 장학금을 받았다. 등록금 전액을 면제받고 도서관 사용료로 한 학기에 1달러만 내면 되는 좋은 혜택이었다. 하지만 가난한 유학생이었던 이승만은 먹지도 못하여 기진맥진한 상태에서 강의를 듣는 일이 허다했다.

기독교에 대한 관심이 높았던 이승만은 구약 언어학을 두 과목 수강하기도 했다. 그는 배재학당에서의 수업을 인정받아 2년 반 만에 학부 과정을 마칠 수 있었다. 워싱턴에서 학교를 다니면서 미국 정치의 내막을 파악하는 안목을 길렀던 것도 커다란 수확이었다.

이승만의 학업은 강연 활동과 함께 진행되었다. 학부 시절 그는 미국의 교회와 YMCA에서 한국 선교와 독립에 관해서 강연했다. 총 회수는 무려 170여 회에 달했다.

1907년 6월 13일자 〈워싱턴 포스트〉는 YMCA에서 행한 이승만의 강연을 '조용한 아침의 나라 한국'이라는 제목으로 소개했다.

"이승만의 강연은 한국의 풍물 사진까지 동원한 것이었다. 그가 보여준 100매 이상의 사진들 중에는 '장옷을 입고 언제나 눈을 내리깔고' 나들이하는 중인 계급 부인들의 사진도 포함되어 청중의 호기심을 자극했다.

그는 한국의 '양반집 여인들'에 관한 슬라이드를 보여주지 못하는 이유는 그들이 집 밖으로 나서지 않기 때문이라고 설명했다. 그가 연설을 마치자 수백 명의 청중이 그에게 갈채를 보냈다."

뉴저지주 뉴어크에서 발행되는 〈모닝스타〉지 1907년 7월 25일자에는 이승만의 인터뷰 기사가 실렸다.

"아시아 전체를 집어삼키려는 일본과 러시아의 야욕은 마찬가지이다.

그러나 방법에 있어서 두 나라는 다르다. 지나친 자만으로 충만한 러시아는 러일 전쟁 기간 중 외부의 비판에 별로 신경을 쓰지 않았지만 일본은 달랐다.

선량해 보이는 것이 절대로 필요하다는 생각에서 늑대의 본성을 서양 문명이라는 양가죽으로 위장하기 위해 애썼다. 결과적으로 러시아는 소리만 요란했지 시끄러운 것 빼고는 아무것도 아니다. 그러나 일본의 총은 조용히 심장을 겨눈다...

일본에 굴복한 한국인은 아무도 없다... 강대국들은 정의의 대의를 위해 한마디도 못하고 있다. 일본을 자극해 극동의 상업적 이해 관계에 영향을 미칠 것이 두려워서이다. 그러나 아시아 전체가 급속히 일본의 지배로 넘어가는 것이 보이지 않는가? 약소국들에 대한 불의로 얼룩진 평화가 영원히 지속될 수는 없다."

강연 내용과 인터뷰 기사가 보여주는 것처럼, 이승만은 한국을 소개하고 일본의 침략 야욕을 폭로했다. 청중들은 대체로 그의 강연에 환호했지만, 호응의 정도는 내용에 따라 판이하게 달랐다. 알려지지 않은 나라 조선의 신기한 이야기에는 호기심에 귀를 기울였고 기독교 선교에 관한 내용에서는 감동을 받기도 했다.

하지만 미국인들이 보기에 동양의 작은 섬나라에 불과했던 일본이 거대한 대륙을 가진 중국을 위협한다는 것은 비현실적이었다. 미국 앞에서 더없이 순종적인 일본이 나중에 미국까지도 위험에 빠뜨리게 될 것이라는 이승만의 주장은 웃음을 자아내게 하는 어이없는 소리였다. 훗날 이승만의 예언적인 강연은 모두 사실로 입증되지만, 그것은 너무나 먼 이야기였다.

조지 워싱턴 대학을 졸업한 이승만은 하버드 대학교에 편입 신청서를 냈다. 어떻게 보면 자신만만하고 어떻게 보면 오만한 느낌도 드는 신청서였다. 간단히 요약하면 "나는 한국에서 중요한 일을 했기에 기다리는 사람이 많다. 한국에 돌아가서 내가 해야 할 일이 많기에 시간이 없다. 그러므로 2년 이내에 박사 학위를 받아야 한다.

나에게 박사 학위를 줄 수 있다면 하버드로 갈 것이고, 안된다면 조지 워싱턴 대학으로 갈 것이다. 이곳의 교수들도 나를 보고 2년이면 박사 학위를 받을 수 있다고 한다"는 내용이다.

보기 드문 동양 유학생인데다가, 투옥과 기독교 선교 등 예사롭지 않은 경력에 끌려서인지, 아니면 학생들의 의견을 존중하는 인격 때문인지는 확인할 수 없지만, 말도 안 되는 것 같은 이승만의 편지를 받고 하버드의 교수들은 회의를 거쳐서 답장을 보냈다. 미국 학생들도 2년 만에 박사 학위를 마치기는 어려우니, 일단 하버드로 와서 석사 과정을 1년 해보고 판단하라는 것이었다.

이승만은 하버드에 입학했다. 예나 지금이나 첫 손가락에 꼽히는 명문이지만, 그에게는 실망스러웠다. 기독교에 대해선 별로 관심이 없는 학교였기 때문이다. 이승만은 학교를 옮기기로 결심하고 뉴욕에 가서 몇 곳에 원서를 써놓았다. 그때 우연히 서울에서 알던 선교사를 만났다. 그는 "자네가 그 유명한 이승만 아닌가?" 하고 반가워했다.

이승만의 사연을 듣고 난 그는 자신의 모교이며 종교열이 강한 프린스턴에서 박사 과정을 이수하라고 권유했다. 그리고 직접 이승만을 데리고 가서 웨스트(West) 프린스턴 대학원장에게 소개했다. 대단히 유능한 인물이고 한국 기독교 발전에 엄청난 공로를 세울 것이라고 추천했다.

프린스턴 대학원장을 만난 자리에서 이승만은 또 한번, 다소 오만하게 들리는 질문을 던졌다. 한국에서 할 일이 많기에 빨리 가야하니, 2년 만에 박사 학위를 줄 수 있느냐는 것이었다. 대학원장은 노력하겠다고 대답하며 신학교 무료 기숙 혜택을 제공하기로 약속했다. 이승만은 결국 프린스턴 대학교에서 박사 과정을 밟게 되었다.

프린스턴 시절은 유학 생활 중 가장 즐거운 기간이었다. 당시 프린스턴의 총장은 훗날 뉴저지 주지사를 거쳐 미국 대통령에 취임하는 우드로 윌슨(Woodrow Wilson)이었다. 윌슨은 이승만을 아꼈고 그의 집에 초청하기도 했다. 이승만은 총장의 집을 드나들며 총장 가족들과도 가까이 지내는 몇 안 되는 학생 중 하나였다. 그를 높이 평가한 윌슨은 이승만을 주변에 "미래 한국의 구원자"라고 소개하기도 했다.

프린스턴, 우리 민족 최초의 국제법 박사

2년 만에 박사 학위를 줄 수 있느냐는 이승만의 질문은 허세에서 나온 것이 아니었다. 그는 실제로 2년 만에 프린스턴 대학교에서 박사 과정을 마쳤다. 이로써 미국의 학사 - 석사 - 박사 과정을 단 5년 만에 마치는 진기록을 수립하게 된다. 미국의 최고 엘리트에게도, 보통 12년이 걸리는 과정을 절반도 안 되는 시간에 해치워버린 것이다.

오늘날처럼 영어 학원과 강좌가 즐비한 시절도 아닌, 심지어 사전조차 없던 시기에 이루어낸 엄청난 업적이었다. 고문을 당하고 6년여의 세월을 갇혀있었지만, 그의 지성은 전혀 녹슬지 않고 오히려 더욱 예리해졌던 것이다.

이승만이 졸업한 조지 워싱턴, 하버드, 프린스턴은 미국인들에게 선망의 대상이던 명문 학교들이었다. 대부분의 미국 도시에서 그 정도의 학벌을 지닌 인물은 도시 전체에 한명 있을까 말까 할 정도였다. 최고 명문의 교육 과정을 5년 만에 끝내버린 이승만의 실력은 훗날 미국인들을 상대하는데 중요한 자산이 된다.

실제로 이승만을 상대한 미국의 고위 관료, 외교관들은 그의 탁월한 지성에 압도되었으며, "미국인보다 미국 정치, 역사를 더 잘 아는" 이승만에게 경의를 표했다. 미국의 초대 대사로 한국에 부임한 무초는 "이승만이 미국 역사를 이야기하면 넋을 잃어가면서 들었다"고 말할 정도였다.

이승만의 박사 학위 논문은 〈전시 중립론 - 미국의 영향을 받은 중립〉이었다. 일차적으로 국제법에 관한 논문이었지만, 주제의 성격상 역사학, 정치학, 경제학도 결부된 것이었다. 따라서 세 학과로부터 공동 승인을 받은 특이한 논문이었다.

이승만이 논문의 주제를 국제법으로 잡은 이유에 대해선 뚜렷하게 밝혀진 바가 없다. 다만 이승만이 박사 학위를 받고 90년이 지난 후, 그의 논문을 번역한 법학자 정인섭은 다음과 같이 추측한다.

"한말(韓末) 우리의 의지와는 관계없이 청일전쟁(淸日戰爭)과 러일전쟁(露日戰爭)이 이 땅에서 펼쳐졌고, 대한 제국의 국외 중립 선언은 무참히 짓밟히는 현실을 목도한 그가 국제법상의 전시 중립의 실체와 역사는 무엇인가에 관심을 가졌으리라는 것은 자연스러운 추측이다."[44]

논문의 내용은 국제법상 전쟁 중의 중립에 대한 것이었다. 이승만은 전쟁 시에 적대 행위의 대상 영역을 축소시키고 중립국의 통상의 자유를 확보하게 된 것은 인류에 대한 축복이라고 주장했다. 전쟁 중이라도 무역을 계속해야 하며, 중립국의 통상을 존중해야 한다는 이론이다. 그것은 유럽 해양 강국들의 반대에도 불구하고 미국이 인류에 기여한 공헌이었다.

일찍이 이승만은 감옥에서 쓴 「독립정신」에서 나라를 개방하고 교역을 해야 한다고 주장했다. 그의 개방주의적인 면모가 박사 학위 논문에서도 그대로 드러난다. 논문의 결론을 인용한다.

"대체로 중립법에 관한 미국의 영향력은 깊고 폭넓게 미쳤다. 현재의 중립 제도를 1776년까지 거슬러 올라가는 초기와 비교하면 전반적으로 국제법의 다른 어떠한 분야보다도 많은 발전이 있었다. 이러한 발전이 모든 인류에게 대단한 축복이었음은 더 말할 필요도 없다. 교전국의 작전 영역은 크게 제한되었고, 전시 중 국가 간의 평화적인 교류 수단은 괄목할 정도로 보장되었다.

무엇보다도 중립 교역의 자유가 확대되고 보장되었다. 유럽의 해양 강국들이 제기하였던 반대에도 불구하고 미국은 지속적으로 자유주의적 입장을 천명함으로써, 세계 어느 나라보다도 이와 같은 성과를 이룩하는데 더 많은 영향력을 행사하였다."

논문의 수준은 어느 정도일까? 일단 이승만의 논문이 1912년에 프린스턴 대학교에서 책으로 출판되었다는 사실이 중요하다. 학교 측에서 책으로 만들어줄 만큼 학문적 수준과 중요성을 인정받았다는 뜻이다. 이승만은 이때 받은 인세 중 일부를 자랑스럽게 간직했다.

훗날 1차 대전이 발발하며 공해(公海)상의 중립 문제가 부각되자, 이승만은 중립의 뛰어난 권위자로 자주 거론되었다. 미국의 윌슨 대통령이 그를 인용할 정도였다. 이승만의 논문을 우리말로 번역한 정인섭의 평가이다.

"대학원에서 국제법을 전공하던 역자로서는 우리나라 초대 대통령이요, 최초의 근대적 박사 학위 소지자가 국제법을 주제로 한 박사 학위를 받았다는 점에 묘한 자부심마저 느꼈다. 더욱이 그 논문이 미국 프린스턴 대학 출판부에서 단행본으로 출판되었다는 사실도 놀라웠다.

요즘 같은 영어의 홍수 시대에 살고 있다 하여도 외국어로 글을 쓰는 것이 어려운 일인데, 지금과 비교하면 외국어에 관하여는 원시 시대에 비견될 만한 구한말에 교육을 받은 분이 미국에서 학술 서적을 출판할 수 있었다니!

이 대통령의 박사 학위 논문은 그 내용의 현재적 가치나 함의 이상으로 이 땅의 법학 전공자에게는 역사적 의의를 지닌 문서이다. 우리의 법학계가 이만한 수준의 논문을 다시 쓸 수 있었던 것은 그로부터 한 세대도 더 지난 다음의 일이었음은 누구도 부인할 수 없다."[45]

이로써 이승만은 서양사(특히 미국사), 신학, 정치학, 철학 등의 폭넓은 기초 위에 국제법을 익힌 한국 역사상 최초의 국제 정치학자가 되었다. 그는 우리 민족이 처음 배출한 만국공법의 대가였다. 이한우는 다음과 같이 평가한다.

"이만한 학문적 성취를 기초로 다진 정치인이 국내는 말할 것도 없고,

세계적으로도 얼마나 있을까? 그가 대통령으로 재임했던 무렵, 국력의 크기와는 무관하게 훌륭한 지도자로서 아시아나 미국에 각인될 수 있었던 것은 대부분 그의 개인 역량 때문이었다고 해도 과언이 아니다. 특히 그가 집중적으로 공부했던 정부론, 국제법, 외교론 등은 어쩌면 정치인이 되는 소양으로서는 당시 최고의 것이었다."46)

이승만의 졸업식은 윌슨이 프린스턴의 총장으로 진행한 마지막 학위 수여식이었다. 학위 수여식을 마치고 윌슨 총장이 주최한 리셉션이 열렸다. 그 자리에서 이승만은 등록금을 돌려달라는 농담 아닌 농담을 했다.
"공부를 하고 보니, 국제법이란 사실상 강대국의 논리일 뿐, 현실적으로 존재하지도 않는데 그동안 그런 것 공부하라고 했으니 등록금을 돌려주어야 할 것 아닙니까?" 약소국 학생이 던진 뼈 있는 농담이었다.
미국인들에게도 십년 넘게 걸리는 과업을 5년 만에 끝내버린 날, 농담으로 사람들을 웃기기도 했지만, 이승만에게 찾아온 것은 슬픔이었다. 1910년 6월, 이승만은 이렇게 썼다.
"그날이 나의 준비 단계를 종결짓는 날이었는데, 나는 슬픈 감정을 느꼈다. 한국은 내가 나가서 일을 해야 하는 나라였다. 그러나 그 나라는 일본에게 병합되었으므로 나의 나라가 아니었다."

이승만에게는 슬픔이었지만, 먼 훗날을 사는 한국인들에게는 희미하게나마 가물거리는 희망이었다. 권영설은 "공교롭게도 그의 국제법 박사 학위 취득일이 사실상 조국의 주권 상실과 거의 같은 날이었음"47)을 예사롭지 않은 우연으로 지적한다.

나라가 멸망하던 그날, 나라를 되찾고 새 나라를 세울 인물을 하나님은 예비하셨던 것이다.

YMCA와 105인 사건

박사 학위를 받은 이승만이 그저 편안하게 살기를 원했다면, 미국에서 괜찮은 대학 교수로 여생을 마칠 수도 있었다. 그러나 그는 하루라도 빨리 한국에 돌아가고 싶어 했다. 비록 그의 조국은 지도상에서는 사라져 버렸고 가슴에만 남아있는 나라였지만, 그에게는 할 일이 있었다.

조선으로 돌아온 첫해 겨울의 이승만을, 서정주는 시인다운 필치로 묘사한다.

"이 질식할 합병 초의 고국에 돌아와서 아직도 집집마다 통곡이 끊이지 않는 장안이 내려다보이는 언덕 위에 올라가서, 몇몇 어린 아이들로 더불어 한겨울의 하늘을 쳐다보며 연만 날리고 지냈다 하여도 우리는 그것을 이해할 수 있다.

이 민족의 통곡을 능히 대표할 감정과 의리를 가진 사람이면, 그 통곡의 때에 연 같은 걸 날리고 있던 심정도 알 수가 있단 말이다. 그렇다. 그는 1910년 합병되던 해의 한겨울을 날마다 남산 마루턱에 올라, 종이연을 하늘에 띄워놓고는, 자새에 감긴 실을 풀었다 감았다 하며, 수두룩이 짓밟히고 있는 조국의 혼(魂)을 모조리 그의 속에 불러들이기에 여념이 없었던 것이다."[48]

서정주가 이승만의 전기 집필을 위임받아 오랜 시간 대화를 나누었던 사실을 참조한다면, 그해 겨울, 연날리기에 몰두했던 것은 사실인 듯하다. 하늘에 연을 띄워놓고 바라보는 장면을 연상해 보면, 반만년 독립국이 사라져버린 허망함을 달래는 행위로 적절해 보인다.

돌아온 이승만의 활동 무대는 YMCA였다. 감옥 시절 이후로 기독교 입국론과 교육을 외쳐왔던 그의 소신을 고려해 보면, 참으로 어울리는 사역이었다. 그는 YMCA에서 한국인이 맡은 최고위직인 총무로 취임했다.

당시의 YMCA는 우리 민족의 역사에 특기할만한 활동을 벌였던 기독교 단체였다. 이승만은 교회에서 설교하고 성경 공부를 인도하며 백만인 구령 활동에도 참여했다. 전국에 YMCA를 조직하는 한편, 성경과 국제법을 강의하고 여러 권의 책을 번역하려고 시도하기도 했다. 그는 신들린 사람처럼 기독교 교육 사역에 열중했다.

이 무렵에 이승만이 길러낸 인물들은 혁혁한 이름을 자랑한다. 훗날의 외무 장관 임병직, 공화당 의장 정구영, 과도 정부 수반 허정, 대한 상공회의소 회장 이원순 등이 그들이다.

기독교 활동은 위험했다. 총독부는 기독교인이라면 일단 의심의 눈초리로 보았다. 당시의 기독교인들은 거의 민족주의자들이었고 기독교를 통해서 독립을 추구하는 이들이었기 때문이다. 일제는 말도 안 되는 이유로 기독교를 탄압했다.

한 종교 간행물은 한국인들에게 내면의 마귀를 축출하라고 외쳤다. 이에 검열관은 "여기서 말한 마귀는 일본을 지칭하는 것임에 틀림없다. 당신들은 일본에 대항하도록 조선인들을 사주하고 있다"라고 지적했다. 곧 모든 종교 간행물에 '마귀'라는 표현을 쓸 수 없다는 지시가 내려졌다.

또 다른 잡지는 봄에 싹트는 새 생명을 찬양하는 글을 실었다. 총독부는 그것에도 시비를 걸었다. 새 생명이란 말은 조선의 기독교도들이 궐기해서 새 정부를 세우도록 선동한 글이라는 이유였다.

이승만은 미국에서 일본을 비판한 숱한 강연과 인터뷰 기록을 남겼었다. 그러니 요시찰 인물인 것은 당연했다. 따라서 집필과 강연에서 일제의 비위를 거슬릴 어떤 빌미도 주지 않기 위해 세심한 주의를 기울였다.

조심하고 주의하면서도, 타고난 활동가인 이승만은 멈추지 않았다. 1911년 여름, 이승만의 활동 궤적은 신들린 듯한 활약상을 보여준다. 기차, 배, 말이나 나귀, 우마차, 가마 혹은 인력거를 타고 도합 3천 7백 킬로미터를 여행했다. 13개 선교 구역을 방문하고 33회 집회를 열었으며, 7535명의 학생을 만났다.

남으로 광주, 전주, 군산까지 내려갔고 북으로는 평양, 선천까지 올라갔다. 이런 맹활약으로 지방 학교들에서도 모임이 만들어져, YMCA는 전국적인 조직으로 성장했다.

이승만을 비롯한 기독교인들의 활발한 움직임은 조선 총독부를 자극했다. 이에 일제는 조선 기독교 지도자들을 일망타진하기 위한 음모를 꾸몄으니, 105인 사건이다. 유영익은 이승만이 너무 열심히 전국적인 조직을 만든 것이 105인 사건의 단서가 되었다고 지적한다.[49]

일제가 뒤집어씌운 죄목은 어마어마했다. 1911년 11월 11일, 기독교인들이 데라우치 총독의 암살을 시도했다고 하여 무려 700여명을 검거했다. 그들에게 무지막지한 고문을 가한 뒤에, 123명을 기소했다. 고문을 받다가 사망한 이가 3명, 정신 이상을 일으킨 이가 4명이었으니, 얼마나 잔인했는지 추측할 수 있다. 최종 유죄 판결을 받고 구속된 이가 105명이었다.

탄압의 마수는 처음부터 이승만을 겨냥하고 있었다. 본인도 구속될 각오를 했다. 위급한 상황에서 또 한번 미국 선교사들이 그를 구출했다. 서울 YMCA에서 활동하던 질레트 총무와 마침 그때 한국을 방문했던 YMCA 국제 위원회 모트 총무의 개입으로 체포를 면했다. 그들은 총독부 측에 미국 교계에서 상당히 이름이 알려진 이승만을 체포하면 국제적으로 말썽이 일어날 것이라고 경고했다.

일단 구속은 면했지만, 한국에 머무르는 것은 여전히 위험했다. 마침 1912년 기독교 감리회 4년차 총회가 미국 미니애폴리스에서 열릴 예정이었다. 주한 선교사들과 감리교계 목회자들은 한국 대표로 이승만을 파견하기로 결정했다.

이승만은 집을 저당 잡혀서 여비를 마련했다. 그가 한국을 다시 떠난 것은 공교롭게도 만 37세 되던 생일날이었다. 박사 학위를 마치고 돌아온 지 2년이 채 못 되어 기약 없는 망명의 길을 떠난 것이다.

당시 75세였던 아버지 이경선은 중풍으로 누워있었다. 이승만은 눈물로 작별 인사를 드렸다. 아버지는 문 앞까지 마중 나와서, 차마 6대 독자 외아들의 얼굴을 보지 못하고 손만 흔들었다.

영웅은, 못할 짓이다. 가족에게도 그렇고 부모에게는 더더욱 그렇다. 양반이며 왕족이었던 이승만은 일찍이 상투를 잘라 유교 문화에서 살아온 부모에게 충격을 주었다. 스물두 살 나이에 보부상들과 격투를 벌일 때, 시위 현장까지 찾아온 아버지는 아들의 손을 잡고 눈물로 만류했다.

신문에 이승만이 죽었다는 기사가 실린 적도 여러 번이었다. 보부상에게 맞아죽었다고도 했고 고문 받다가 죽었다고도 했다. 아버지가 감옥까지 찾아와 아들의 시체를 달라며 울고 불고 한 적도 있었다.

그 모든 고난에 더하여, 아들은 이제 시대의 풍운(風雲)에 밀린 떠돌이 망명자가 된 것이다. 1912년 3월 26일, 눈물의 인사를 나눈 것이 부자(父子)의 마지막 만남이었다.

이승만은 세계 감리교 대회에서 일제의 만행을 규탄하며 기독교 정신에 호소했다.

"기독교나 민주주의 정신은 약자를 보호하는 데 있습니다. 지금 일본은 무력으로 한국의 주권을 빼앗고 한국인을 지독히 탄압하고 있습니다. 그러니 세계의 기독교도들은 모름지기 단결하여 이 피압박 민족을 하루바삐 해방시키고, 아시아의 평화를 이룩하며 나아가서는 세계 평화 유지에 이바지해야 할 것입니다. 나는 이것이 전능하신 하나님의 뜻이라고 생각합니다."

이승만의 연설에 공감하는 이들도 있었다. 하지만 미국은 일본과 오랫동안 사실상의 동맹 관계에 있었다. 미국 기독교인들의 입장도 정부와 크게 다르지 않았다.

이승만은 감리교 세계 대회를 마치고 프린스턴 시절의 스승 윌슨을 찾아갔다. 당시 그는 주지사를 거쳐서 대통령 후보 출마를 준비하고 있었다. 이승만은 한국의 해방을 세계에 알리는 성명서에 서명해줄 것을 부탁했지만, 윌슨은 다음과 같이 말하며 거절했다.

"개인적으로는 얼마든지 당신의 뜻에 동의하오. 그러나 미국의 정치를 위해 서명할 수 없소. 하지만 모든 약소국을 위해 할 일을 생각중이오."

훗날 윌슨이 민족 자결주의를 주장했을 때, 이승만은 "약소국을 위해서 할 일"이 그것이었음을 짐작할 수 있었다. 윌슨은 한국 독립을 위한 서명은 거절했지만, 강연을 위한 추천장을 기꺼이 작성해주었다. 그러면서 이승만에게 충고했다.

"나 한 사람의 서명을 받을 생각을 하지 말고, 미국인들의 마음의 서명을 받도록 하시오."[50]

필자의 소견으로, 이때 이승만에게 던진 월슨의 한마디는 대단히 중요한 영향을 끼쳤다. 이승만에게만이 아니라 우리 역사 전체에도 지울 수 없는 흔적을 남겼다. 훗날 이승만은 미국의 양심과 여론에 호소하는 독립운동을 줄기차게 진행한다.

대한민국 건국의 과정에서도 미군정과의 대립이 심각해지자, 군정 당국을 뛰어넘어 미국의 여론에 호소하는 직설적인 행동으로 맞선다. 휴전 협정의 과정에서도 계속해서 뉴스를 만들어내고 여론을 일으키는 선동으로 미국을 압박한다.

이후로도 월슨은 이승만을 거절하고 상심케 한 적이 있다. 하지만 그가 가르쳐준 것은 절묘한 한 수였다. 스승은, 과연 스승이다.

애국과 신앙의 교과서, 「한국교회 핍박」

이승만은 1912년 8월 14일, 옥중 동지 박용만을 네브래스카주 헤스팅스 (Hastings)에서 만났다. 무력(武力)에 의한 독립 운동을 주장한 박용만 답게, 그가 훈련시킨 무장 소년병 학교의 학도 34명이 제복을 입고 이승만에게 거수 경례를 했다.

의형제 관계였던 두 사람은 밤을 새워 독립 운동의 방책을 논의했다.

그들이 내린 결론은 하와이였다. 한국 교포가 가장 많이 모여 사는 하와이로 건너가서 장기적인 독립 운동을 펼치기로 했다. 1913년 1월 28일, 이승만은 샌프란시스코에서 호놀룰루행 기선 시에라호에 몸을 실었다.

하와이에 도착한 날이 2월 3일, 교민들은 그를 열렬하게 환영했다. 하지만 동시에 비보(悲報)가 도착했다. 호놀룰루에 막 상륙한 때, 부친이 별세하셨다는 전보를 받았다.

이승만이 하와이에서 제일 먼저 착수한 일은 저술이었다. 105인 사건을 비롯한 일제의 탄압상과 고난당하는 한국교회의 역사를 써내려갔다. 그렇게 해서 또 하나의 명저(名著) 「한국교회 핍박」이 탄생했다.

이한우의 논평이다. "독립정신이 잘 정리된 개화 지침서라면 「한국교회 핍박」은 말 그대로 당대 최고의 한국 지성 이승만 박사의 학식과 정신 그리고 체험이 하나로 녹아들어 탄생한 것이다. 이 책에 드러난 이승만의 양대 정신적 축은 간단히 말하면 애국 사상과 기독교 신앙이다. 「한국교회 핍박」은 바로 이 두 가지 축을 식민지 한국이라는 조건 하에서 변증법적으로 종합한 역작이었다."[51]

이승만은 일본이 한국교회를 핍박한 것은 "교회와 민족과의 깊은 관계" 때문이라고 주장했다. 그는 105인 사건을 중심으로 일본의 탄압 사례와 동기, 기독교가 한국의 독립을 되찾는데 도움을 줄 수밖에 없는 외교상의 이유와 내치상의 이유들을 조목조목 열거했다.

이 책을 읽다보면 일제가 왜 이승만에게 30만 달러의 현상금을 내걸면서, 단순히 독립 운동가라고만 하지 않고 "예수교의 거괴(巨魁)"라는 죄목을 붙였는지가 이해된다. 일본인들에게는 거괴(巨魁)일지 몰라도, 조선인의 입장에서 보면 예수교의 거성(巨星)이었다.

이승만은 이 책에서 '핍박'을 긍정적으로 해석한다. 이승만 특유의 고난 신학이요 십자가 신학이다.

"예수가 탄생하실 때부터 돌아가실 때까지 전 생애 33년 동안 핍박 중에서 모든 사업들을 이루셨으며, 그 후 예수의 사도들도 그 핍박을 자신들의 일용할 양식으로 삼았으며, 로마 제국으로부터 교회가 핍박당할 때에도 교인들은 땅 속에 굴을 파고 숨어 살며 하나님을 예배하며 점차적으로 교회를 설립, 발전시켜 나갔다.

오늘날 유럽과 미국 각국의 모든 자유와 행복은 모두가 핍박 중에서 그 기초를 다져나간 기독교 문명의 힘 때문이다."

예수 그리스도는 핍박 중에 사역을 이루셨고 사도들은 핍박을 일용할 양식으로 삼았으며, 유럽과 미국의 나라들은 핍박 속에서 문명을 발전시켰다고 말한다. 마찬가지로 핍박받는 한국교회 역시 "아시아 최초의 기독교 국가"라는 비전을 성취할 것이라고 이승만은 주장한다.

"각 나라 교회에서 말하기를 하나님이 한국 백성을 이스라엘 백성같이 특별히 택하여 동양에 처음 기독교 국가를 만들어 아시아에 기독교 문명을 발전시킬 책임을 맡긴 것이라고 한다...

한국의 기독교인들은 벌써 제주도와 북간도, 만주, 블라디보스톡 등지와 북경에 이르기까지 선교사를 파송하여 활발한 선교 활동을 전개하고 있다. 우리가 이러한 때에 교회의 일에만 전력하면 한국인들이 일본과 중국을 모두 기독교로 인도하리라 하며..."

이승만은 보잘 것 없는 식민지에 세워진 한국교회가 아시아를 선교하고 일본과 중국을 기독교로 인도할 것이라고 전망했다. 그가 1913년에 선언했던 예언들은 오늘날 세계 2위의 선교 대국이 된 한국을 통하여 성취되고 있다.

핍박 속에서 일어난 기독교 정신은 민족의 활력이 된다. 이승만은 먼저 활력을 잃어버린 백성에 대해서 말한다.

"백성들은 이제 모든 희망을 잃었고 모든 의지와 의욕조차 사라져버렸으며 무엇을 하고자 하지 않으니 활동력도 없고 날로 쇠잔해지며 날로 부패해져갔다.

비유하건대 사람의 육신에 원기가 쇠약해져 버리면 저항력이 약해져서 백병이 기승을 부리게 되는 것과 같이 백성들의 활동력이 쇠함으로 인해 모든 부패와 골육상잔(骨肉相殘)의 폐단이 날로 겹겹이 생겨버리게 되는 것이다. 이것이 바로 지금 우리나라의 일반적인 모습이 아닐 수 없다."

골병이 들어 생명력을 잃어버린 민족에게 활력을 되찾아준 것이 바로 기독교라고 이승만은 주장한다. 한성 감옥 시절부터 계속해서 주장해온 '기독교 입국론'의 연장이다.

"그렇지만 기독교에 있어서는 한량없는 활력을 스스로 충만시킬 수 있는 능력이 있어 이를 갖고 있는 총명하고 준수한 청년들이 서로 권면하며 격려하는 내용인즉, 온 세상이 모두 우리의 적국이라 해도 예수 그리스도를 친구로 갖게 되면 제일 친구가 많은 사람이라고 하였다.

비록 우리에게 군함과 대포가 없을 지라도 예수 안에서는 능치 못할 일이 없으리라, 능력을 가지신 하나님만 의지하면 세상에 두려울 것이 없다고 한다. 비록 우리의 육신은 죽더라도 영혼을 죽일 수 없으므로 두려울 수 없다는 것이다. 우리는 아무것도 할 수 없지만, 하나님의 도를 전하는 것은 세상에서 감히 막을 사람이 없다는 것이다. 이러한 여러 말들이 사람들의 대화 속에 들어가며, 이런 속에서 한량없는 능력이 생겨나게 되었다."

철저한 예수 신앙이다. 온 세상이 적이 되어도 예수가 친구이면 제일 친구가 많은 것이다. 군함과 대포가 없어도 예수 안에서는 능치 못할 것이 없다. 이 믿음 안에서 죽어버린 민족의 활력이 솟구치게 된다. 그 활력의 근원은 성경이다. 「한국교회 핍박」은 이승만의 실천적 성경론을 보여준다.

"성경을 보고 믿는 자들의 마음 가운데 스스로 이런 굳센 의지와 담력과 지략이 생겨서 태산같은 능력이 금할 수 없이 솟아나니 당시 로마 제국의 힘으로도 이를 억제하지 못했고 유럽의 각 제국 왕들도 모두가 복종하게 된 것이다.

이런 역사가 어찌 사람의 힘으로 가능하리요. 사람의 행치 못한 바를 행하게 하며 없는데서 생기게 하며 죽은데서 살기를 바라는 것이 모두가 기독교의 오묘한 이치일 것이다.

이런 이치가 마음 속에 들어온 후에는 모든 사람이 다 낙심해도 나 혼자 굳센 마음이 생기며 슬픔 중에도 기쁨이 생기며 핍박당하는 중에서도 힘이 생겨나게 되는 것이다."

성경이 사람에게 일으키는 변화를 생생한 필치로 보여준다. 이는 머리로 생각하고 귀로 들은 것만이 아닌, 스스로 체험한 것이기에 생동감을 준다. 성경이 민족을 바꿀 수 있고 실제로 바꾸었음을 이승만은 힘주어 강조한다. 이처럼 성경이 무력(無力)한 민족을 유력(有力)케 하기에, 일제가 한국교회를 핍박한다는 것이 이승만의 논리이다.

성경은 진리를 가르치며 진리는 인간을 자유케 한다. 그러므로 성경은 자유의 혁명을 일으키는 책이다.

"모든 사람이 다 하나님의 동등 자녀 되는 이치와 사람의 마음이 악한 풍속과 어리석은 습관과 모든 죄악에서 벗어나서 자유롭게 활동하는 이치를 다 밝게 가르쳤으니 신약을 공부하는 사람은 자신도 모르게 혁명 사상을 얻는 것은 과연 그 책이 진리를 가르치며 진리는 사람의 마음을 자유롭게 하기 때문이다."

세상을 새롭게 하는 자유의 혁명 사상이 성경에서 나온다면, 동양과 서양도 성경과 종교의 관점에서 비교할 수 있다. 이승만은 동양과 서양의 차이는 인종의 차이가 아니라 종교의 차이라고 주장한다. 당시 사람들이 흔히 생각했던, 동양은 전제적이고 서양은 민주적이라는 식의 단순 논리를 거부한다.

역사를 검토해보면, 오히려 서양이 더 전제적이었던 적도 있었다고 지적한다. 전제적인 동양과 민주적인 서양, 낙후된 동양과 발전된 서양의 차이는 인종에 있지 않고 종교에 있다는 탁월한 분석이다. 기독교가 들어가면 발전하게 되며, 서양이 앞선 것은 기독교 때문이라는 논리이다.

"세상 사람들이 항상 비평하는 말이 동양 사람은 천성 성질이 전제 정치에 합당하므로 정치 혁명이라는 것은 당초에 이름도 모르니 앵글로 색슨(영국과 미국 인종)은 자유 동등의 사상을 가지고 태어났기에 서양 역사에만 혁명이 있다고 한다.

그러나 나는 이것을 연구해본지 오래되었으니, 이는 인종의 성질 때문이 아니요, 종교의 성질 때문이다. 동, 서양 종교의 구별을 연구한 자는 다 나의 의견에 동의할 것이다.

유럽 각 나라들에도 신약의 이치가 전파되기 전에는 모두가 전제 사상에 빠져 로마 문명 시대에 제국주의가 극에 달했고 프랑스왕 루이 14세 때에 이르러서는 전제주의가 얼마나 심각했던지 자기가 곧 국가라고 칭하였으니, 이는 우리나라 사람들이 나라와 임금을 구별할 줄 몰라서 임금을 곧 나랏님이라 하던 것과 같은 것이다."

　동양과 서양의 차이가 인종에 있지 않고 종교에 있다고 한 말은, 시대를 뛰어넘은 명언(名言)이다. 개명한 21세기에도 여전히 인종 차별이 있다. 겉으로 평등을 말하며 점잖은 척 하지만, 상당수의 백인들은 여전히 우월의식을 버리지 못한다. 그네들에게 이승만을 읽히고 싶다. 당신네들이 앞서간 것은 백인종이 잘 나서가 아니고, 일찍 기독교를 받아들였기 때문이라고, 따지고도 싶다.

　이승만은 로마 가톨릭의 전제성을 지적하고 종교 개혁의 역사를 설명한다. 서양사와 종교 개혁사에 대한 정확한 분석과 요약이다.

　"교황이 앉아서 온 세상을 모두 로마교(가톨릭)로 복종시키고 자기가 천명(天命)을 대표하여 전제로 다스린다고 하며 각 나라 제왕이 모두 그 밑에 굴복하였다. 또한 신약을 감추어 보지 못하게 하며, 모든 사람은 교황과 신부 등의 여러 직명을 가진 자를 통하여서만 하나님을 섬기고 신자가 직접 하나님께 기도를 올리거나 죄사함을 구하는 것을 못하게 했다.

　그리고 사람의 마음을 어리석은 말과 요사한 뜻으로 겹겹이 속박하여 심지어 돈을 받고 죄를 용서하며, 글을 주어 행악하는 권리를 허락하기에 이르렀으니 서양 사람의 전제 사상이 동양 사람에 비하면 오히려 더 심했다고도 할 수 있다."

이승만은 마틴 루터의 종교 개혁은 성서에 의한 것이라고 강조한다. 성경에서 종교 개혁이 일어났고 종교 개혁의 결과로 서구 문명이 발전했다는 논리이다. 오랫동안 중국을 대국(大國)으로 섬겨온 우리나라를 서구 지향으로 이끌고자 했던 이승만의 관점을 여기에서도 발견할 수 있다.

"이후로 200년 동안 루터가 시작한 개신교가 정치 제도를 개혁하기에 이르러 영국, 프랑스, 미국 등 각국의 정치적 대혁명이 여기서 일어났고 오늘날 구미 각국의 동등한 자유를 누리는 모든 인간 행복이 여기서 시작한 것이다. 그러므로 마틴 루터를 근대 문명의 시조라 칭함이 과연 적당하며 이러한 루터 선생의 능력은 곧 예수의 진리에서 나온 것이다."

이처럼 성서에서 나온 진리가 인간을 자유케 하고 민족에게 활력을 일으키기에, 일본이 한국교회를 탄압한다고 이승만은 고발한다. 「한국교회 핍박」은 105인 사건으로 탄압받은 윤치호의 증언을 소개한다.

"내가 장차 옥중에서 죽을지라도 천국의 의(義)와 동포의 장래 항구적인 축복을 위하여 저 화(禍)를 당함이니 윤씨의 영광이요 우리의 감사할 바이며, 또한 이번에 방송된 여러 동포로 말할지라도 무한한 고초를 겪은 후에 응당 그 의를 더욱 중히 여겨 천국 일을 힘쓸지라.

속담에 이른바 정금은 풀무에 불려 내인 후에야 더욱 빛난다 하였으며, 성경에 말씀하였으되, '나를 인하여 너희를 욕하고 핍박하고 모든 악하다는 거짓말로 비방하면 너희에게 복이 있나니 기뻐하고 즐거워하라. 너희가 하늘에서 상 받을 것이 크리라. 너희 전에 있었던 선지자를 이같이 핍박하였느니라' 하였으니 이 어찌 일시적인 위로의 말씀이겠는가?

진실로 믿는 자의 피는 기독교의 씨요, 의로운 자의 핍박은 기독교 문명의 기초라. 오늘날 우리의 당하는 곤란은 장래의 행복을 위함이니 어린 양이 이리의 무리에 나가는 것같이 순종하는 중에서 하나님의 대의를 세워서 이 다음 세상에 모든 권세를 이기리로다."52)

박해받는 한국교회는, 그러나 승리할 것이다. 사람의 힘으로 세워진 것이 아니라 하나님의 능력으로 세워졌기 때문이다. 이승만은 장차 한국교회가 핍박을 이겨내고 승리할 것이라고 예언한다. 처절한 고난의 시기에 부른 승리의 노래이다.

"지난 3년 동안에 위협하는 정책을 행하였으니, 경향 각처에서 여러 가지로 교회를 핍박하는 것은 이루 다 말할 수 없다. 그리고 이 여러 가지로 군축하며 방해한 것을 보면 한국교회가 인력으로 세운 것 같으면 지금까지 견딜 수 없었을 것이다."

"만일 일본 당국이 한국교회를 아주 없애버리려 한다면 오래전 로마 황제 네로의 실수를 반복하는 것이 될 것이다. 조선의 대원군이 동학(東學)을 일으켰던 것이나 청국의 서태후(西太后)가 의화단을 자초했던 것과 같은 비웃음을 면치 못하게 될 것이다. 마침내 한국교회를 더욱 공고케 할 따름이니 이는 기독교회가 하나님의 능력으로 세워진 까닭이다."

「한국교회 핍박」은 종합적이다. 깊이 있는 신학이 있고 다양한 역사적 분석이 있으며 거대한 문명 비교론이 있고 소박한 간증이 있다. 세계사의 주변부로 밀려나 멸망한 나라, 가난한 그리스도인의 고통이 있고 그들에게서 뿜어져 나오는 희망이 있다. 동서양의 최고 지식을 습득하고 상아탑(象牙塔)이 아닌 거리에서 투쟁하며, 기독교로 현실을 개혁하고자 몸부림쳤던 이승만의 발자취가 고스란히 담겨있다.

1913년에 쓴 책인데, 지금 읽어도 손색이 없는 정확한 정보를 담고 있다. 그리고 현재를 기준으로 평가해보면, 이승만의 예언은 적중했다. 초대교회가 네로를 견디고 살아난 것처럼, 한국교회는 핍박을 이기고 살아남았다. 당대의 권력자 네로가 패망한 것처럼, 우리 민족과 교회를 괴롭혔던 일제는 패망했다.

핍박 속에서 성장한 한국교회는 이승만이 말한 그대로 아시아 선교의 전진 기지가 되었다. 그의 글에 구체적으로 거론된 바와 같이, 오랫동안 한국을 괴롭혀왔던 중국과 일본에 복음을 전하고 있다. 「한국교회 핍박」은 적중한 예언서이며 동시에 애국과 신앙의 교과서이다.

하와이에서 시작한 최초의 남녀공학

이승만의 아버지는 방랑객이었다. 명산대천(名山大川)을 찾아 전국을 누비다가, 몇 달 만에 나귀의 목에 달아놓은 방울 소리와 함께 돌아오곤 했다. 부친의 피를 이어받은 이승만 역시 한자리에 가만있지 못하는 기질이었다. 그 당시의 한국인으로서는 놀라울 정도로 세계 곳곳을 누볐다.

물론 독립운동 하느라 어쩔 수 없이 오가는 경우도 있었지만, 이승만 본인도 돌아다니기를 워낙 좋아했다. 그것은 리더로서는 중요한 장점이었다. 그만큼 견문이 넓어지고 현장을 확인하여 무엇이 필요한지, 무엇을 해야 할지를 깨달을 수 있기 때문이다.

「한국교회 핍박」 집필을 마친 이승만은 특유의 활동력을 발동하여, 하와이 여러 섬을 구석구석 순방했다. 무려 45일이 걸렸으니 그야말로 샅샅이 뒤진 것이다. 본인의 활동 무대가 될 하와이를 자세히 살피는 동시에

4천 여 교민들의 생활상도 직접 목격했다.

그것은 여행인 동시에 업무 파악이었다. 이승만은 하와이 순방 도중, 숱한 소녀들을 만났다. 학교도 못 다니고 어려서 중국인이나 본토인에게 팔려가 한국말도 모르는 아이들이었다. 어린 나이에 결혼을 강요당하는 딱한 처지에 있는 소녀들도 많았다. 이승만은 여행을 마치고 호놀룰루로 돌아오면서 사정이 어려운 6명을 데리고 왔다. 그 아이들을 가르치는 것으로 하와이에서의 교육 운동이 시작되었다.

일찌기 이승만은 감옥에서 교육자로서의 역량을 발휘한 바 있다. 그때 쓴 글 가운데 앞에서도 소개한 〈미국흥학신법〉이 있다. 그중의 한 대목을 인용한다.

"이밖에도 또 한 가지 부연할 것이 있는데, 동방의 아직 개명(開明)되지 못한 여러 나라를 위하여 이제 논급하려고 한다. 생각건대 배움이란 사람이 반드시 다해야 할 직분이며 거기에는 남녀의 구별이 있을 수 없다.

사람이 배우지 아니하면 반드시 총명하지 못하고, 총명하지 못하면 성현의 글을 읽고 올바른 도리를 깨우치지 못한다. 그러면 아마도 그 폐단은 우둔해지는데서 그치는 것이 아니라 장차 거리낌 없이 나쁜 짓을 하게 될 것이다."

여기에서 또 한번, 시대를 앞서가는 이승만의 혁명적 통찰이 빛난다. 사람 취급 못받던 여성도 교육시켜야 한다는 선구적인 생각이다. 이 생각을 실천에 옮긴 곳이 바로 하와이였다. 이승만은 한인 중앙학원에서 당시로서는 거의 혁명적인 교육 방법을 도입하였다. 그것은 남녀공학(男女共學)제도의 실시였다.

이승만이 한인 중앙학원 원장에 취임하자마자 19명의 여학생이 모여들어 공부하겠다고 청해왔던 것이 계기였다. 이승만은 그들을 위하여 기숙사를 마련하고 입학시켰다. 이로써 남학생과 여학생이 함께 공부하게 되었다.

남녀공학은 '남녀 7세 부동석'(不同席)이라는 유교적 개념에 깊이 물든 한국인들에게는 너무나 급진적인 조치였다. 그래서 처음에는 한국인들 뿐 아니라 일부 미국인들까지도 상당히 반대했다고 한다. 이승만은 반대에도 불구하고 남녀공학 정책을 포기하지 않았다.

시간이 흐르면서 이승만의 선구적인 조치를 환영하는 사람들이 늘어났다. 남녀공학 제도는 성공적으로 자리 잡았다. 교포 사회에서도 대환영이었다.

이것은 한국 교육사에 있어서 획기적인 사건이었다. 역사적으로 이승만은 한국인으로는 처음으로 남녀공학 제도를 도입한 인물로 당연히 기록되어야 한다.53) 그의 평생을 따라다니는 '최초'는 하와이에서도 붙여졌다.

한인 중앙학원에서는 영어, 성경, 우리말, 한문, 한국 역사를 가르쳤고, 민족혼과 독립 정신 고취에 주력했다. 한인 중앙학원 기숙사 학생이었던 박 에스더의 회고담이다. "나는 기숙사에 들어가서 비로소 애국심에 눈을 떴습니다. 우리는 아침마다 태극기를 계양하고 애국가를 불렀습니다. 그럴 때마다 우리 모두가 울었어요.

나는 그때 나이가 어려서 이승만 박사가 어떤 분인지 자세히는 몰랐어요. 그저 어른들이 애국자라고 해서 존경했을 뿐입니다. 그분은 우리가 말을 잘 듣지 않거나 화가 나면 양 볼을 부풀려가지고 훅훅하고 불어대곤 했습니다. 어른들은 그분이 옥중에서 고문을 하도 많이 받아서 생긴 버릇이라고 하더군요."[54]

태평양 비전, 그리고 교민들과의 사연

이승만은 민주주의를 위해선 반드시 수반되는 세 가지가 있어야 한다고
주장했다. 이해의 기틀을 마련하는 교육, 의무감을 고양시키는 윤리적 종
교, 그리고 목표 달성을 위한 행동이었다. 이들 세 가지 중 어느 하나라도
빠지면 민주주의는 제대로 작동하지 않는다고 여겼다.

민주주의는 글자그대로 국민이 주인된 세상이다. 주인된 국민이 교육도
받지 못하고 종교심도 없으며 공익을 위해서 행동하지도 않으면, 제대로
된 민주주의가 이루어질 수 없다. 교육으로 일깨워지고 종교로 교화(敎化)
된 국민들이 역사의 주인공으로 행동할 때, 민주(民主)의 세상이 열린다.
이승만의 견해는 오늘날, 포퓰리즘이 판을 치는 민주 만능의 시대에, 귀담
아 들어야할 탁견이다.

그의 민주주의론은 하와이에서의 교육 활동의 과정에서 체득된 것인
듯하다. 교육, 종교, 행동은 그의 교육 지침 속에 스며들어 있다. 한인 중앙
학원의 뒤를 이어서 이승만이 세운 한인 기독학원은 네 가지 교육 지침을
표방했다. 1) 교육과 기독교 지향의 학생활동 2) 한국인의 주체성 확보
3) 젊은이들의 지도력 향상 4) 사회 교육의 추진

학교 교사진은 대부분 미국인들이었다. 강의는 주로 영어로 진행되었다.
교과목은 하와이 공립 초등학교 과정을 이수하는 것이었다. 기독교 정신

에 투철한 인재를 길러내고자 했고 성경 공부를 강조했다. 채플 시간에 주로 설교한 이승만은 한국인은 한국인과 결혼해야 한다고 거듭 강조했다.

이 학교의 장점은 비용이었다. 학생들이 기숙하며 공부하는데 필요한 비용을 최저로 줄였다. 가난한 집 아이들도 큰 걱정 없이 다니게 했다. 수업료는 무료였고 기숙사비는 실비 정도만 받았다. 하지만 가난해서 기숙사비도 내기 어려운 형편이면 그것도 면제해주었다.

훗날 국가적으로 어려운 상황에서도 초등학교 의무 교육을 실시한 교육 대통령 이승만의 업적은 하와이에서부터 차근차근 쌓여가고 있었던 것이다.

한인 기독학원을 통하여 양유찬(梁裕燦 의사 및 주미 대사), 박관두(朴寬斗 건축 설계사), 김찰제(金讚齊, 화학 기술사) 등 많은 인재들이 배출되었다. 이들은 한국과 하와이 교민 사회 발전에 크게 공헌하였다. 이승만의 나라 세우기는 언제나 사람 기르기로부터 시작했다.

최영호는 1985년 9월에 만난 무명의 할머니와의 대화를 소개한다. 그녀는 한인 기독학원에서 기숙하면서 초등학교 과정을 마쳤다. 5학년 정도였을 때, 수업을 마치면 오후에는 백인 가정에 가서 일을 했다.

어느 날 저녁 일을 마치고 학원으로 돌아오기 위해 버스 정류소로 가는 중, 갑자기 폭풍우가 휘몰아쳤다. 가까스로 정류장까지 갔지만 날씨가 사납고 버스도 오지 않아 어둠 속에서 겁을 먹었다고 한다. 이렇게 공포에 질려 몇 시간 동안 폭풍우와 암흑 속에 갇혀 있었는데, 난데없이 이승만이 자신의 이름을 부르며 찾아왔다는 것이다. 그때 어린 나이의 여학생으로서 정말 천사의 목소리를 들은 것처럼 반가웠다고 한다.

나중에 알고 보니, 학원에서 저녁 식사를 할 때 그 학생이 보이지 않자, 이승만은 사방에 연락하여 소재를 파악하려고 했다. 그래도 알 수 없자 폭우 속을 걸어서 8킬로 정도 되는 버스길을 따라 찾아왔다는 것이다. 이 할머니는 나중에 이승만에 대해 상당히 비판적이 되었지만, 이승만은 아주 따뜻하고 세심하게 학생들을 돌보아주는 분이었다고 회상했다.[55]

1898년 일 년 동안 세 개의 신문을 창간하는 신기록을 수립한 언론인 이승만은 하와이에서도 언론 활동에 주력했다. 1913년 9월 20일 〈태평양잡지〉를 창간했다. 이 잡지는 17년간 계속되었고 1930년 〈태평양주보〉로 바뀌었다. 주필로 활약한 이승만은 교포들의 가슴 속에 기독교 신앙과 애국 독립 사상을 고취하는 일에 주력했다.

잡지 이름으로 '태평양'을 고집한 것에는 특별한 이유가 있었다. 하와이가 태평양 한가운데 있는 섬이기도 했지만, 무엇보다 이승만은 태평양을 한민족이 살아가야할 삶의 공간으로 끌어들이려고 했다. 더 이상 대륙의 끝자락이 아니라 해양을 향한 교두보로서 지정학적 파워를 갖는 나라가 되기를 바라는 희망을 표출한 것이었다.[56] 오늘날 5대양 6대주로 뻗어가는 대한민국은 이승만이 품었던 꿈의 실현이다.

하와이는 8개의 유인도로 구성되어 있었다. 이승만은 하와이 8도를 조선 8도에 비유해서 이렇게 말했다. "하와이 여덟 섬에 한인 아니 가 있는 곳이 없으니 가위 조선 팔도라. 섬 도(島)와 길 도(道)가 뜻이 다르나 음은 일반이니, 이것을 과연 우리의 남조선이라 이를만한 지라. 장차 이 속에서 대(大)조선을 만들어낼 기초가 잡히기를 바랄지니, 하나님이 10년 전에 이리로 한인을 인도하신 것이 무심한 일이 아니 되기를 기약하겠도다."[57]

교육, 언론 이외에 이승만이 주력한 것은 기독교 전도였다. 언론과 교육과 선교를 통하여 조국 광복을 위하여 장기적으로 독립 운동을 지속한다는 것이 그의 하와이 비전이었다.

하와이의 교민들에게는 '사진 결혼'이 유행이었다. 사탕 수수밭에서 일하다가 혼기를 놓친 남자들이 한국으로 사진을 보내서 결혼을 하는 형태였다. 고국에서 신부들이 올 때, 이승만 박사의 바지는 대 인기였다. 이승만의 바지를 입고 나가면 결혼을 잘한다는, 일종의 미신이 떠돌았기 때문이다. 교민들이 이 박사를 얼마나 존경했는지를 보여주는 대목이다.

그나마 사진결혼으로라도 신부를 얻으면 다행이었다. 노동 이민을 간 총각들 가운데는 결혼하지 못하고 타국에서 일생동안 노동만 하면서, 고국산천과 가족들을 애타게 그리다가 한 많은 일생을 마친 사람들이 많았다. 나라가 망해서 겪어야 하는 청년들의 슬픔이었다.

외롭게 일생을 마친 노총각들 중에는 고국에서 신부를 데려오기 위해 알뜰히 모았던 돈을 이승만에게 맡기면서, 우리나라의 독립을 찾는데 써 달라고 부탁하며, 그의 품에 안겨 숨을 거둔 사람도 적지 않았다.

이승만이, 참으로 위대한 이승만이 된 것은 그의 힘으로만이 아니다. 타국에서 날품팔이로 살면서 모은 재산을, 있지도 않은 나라를 위해 바치고 훗날의 건국 대통령의 품에 안겨 저 세상으로 간, 가여운 영혼들의 비원(悲願)이 있었기 때문이다.

해외에서 독립 운동하면서 참으로 어렵고 고달플 때가 많았다. 하지만 이승만은 자신의 품에 안겨 죽어간 이름 없는 애국자들의 장례를 치를 때마다, 각오를 다지며 힘을 내곤 했다.[58]

제 **4** 장

임시 정부 대통령,
친미 외교와 반공 노선

▲ 1920. 12. 28 상해임시정부 초대 대통령으로 취임하는 이승만(중앙).
왼쪽 끝으로부터 손정도, 이동녕, 이시영, 이동휘, 이승만, 안창호,
박은식, 신규식.

◀ 1921. 4. 9 일본의 감시를 피
하기 위해 중국인으로 변장한
이승만. 일제는 30만 달러의
현상금을 걸고 이승만을 추적
했다.

제 **4** 장

임시 정부 대통령, 친미 외교와 반공 노선

3·1 운동과 임시 정부 대통령 추대

1919년 3월 1일, 삼일 운동이 일어났다. 나라 잃은 세월 10년, 억눌리고 핍박받았던 우리 민족은 독립을 향한 열망을 뿜어냈다. 삼일 운동은 평화적인 시위였다. 민족 대표 33인의 지시 사항 가운데 마지막은 비폭력을 당부한 것이었다. "어떤 일이 있어도 일본인들을 모욕하지 말라. 돌을 던지지 말라. 주먹으로 때리지도 말라. 그런 행동은 야만인들이나 하는 짓이기 때문이다."

비폭력 무저항주의로 세계적인 명성을 얻은 지도자는 인도의 간디이다. 하지만 3·1 운동은 간디가 유사한 운동을 일으키기 3년 전에 일어났다. 이는 평화를 사랑하는 우리 민족의 선각적 용기를 보여준다.

3·1 운동의 뉴스는 전 세계에 퍼져갔다. 약소국의 용기있는 저항에 세계의 양심들은 찬사를 보냈다. 1919년 4월 6일자 〈로스엔젤레스 타임즈〉는 '생명의 존엄성' 이라는 제목의 기사를 실었다.

"이들의 선언은 우리의 독립 선언에 버금가는 것이다. 이것은 광야에서 외치는 선지자의 목소리다. 신의 가호로 미친 세상이 걸음을 멈추고 그들의 소리에 귀 기울이기를..."

그러나 미친 세상은 걸음을 멈추지도 않았고 약소민족의 절규에 귀를 기울이지도 않았다. 평화적인 시위에 대하여 일제는 무자비한 폭력으로 되갚았다. 조선 총독부의 연례 보고서에 따르면, 당시 조선의 전체 인구 1728만 8989명 중에서 무려 83만 1667명이 체포되었다.

3·1 운동의 소식을 듣고 이승만이 제일 먼저 취한 행동은 미국의 국무부에 전보를 보내는 것이었다. 한국의 애국자들이 일본으로부터 탄압을 받지 않도록 미국이 중재해달라는 내용이었다.

3·1 운동은 우리 민족의 역사에서 획기적인 사건인 동시에, 이승만의 일생을 바꾸어놓은 사건이기도 했다. 3·1 운동 이후 국내외 여러 곳에 임시 정부가 세워졌다. 그중에서 정부의 요인 명단을 발효한 곳은 6곳이었다. 이승만은 6곳에 모두 최고위급 각료로 이름을 올렸다. 45세 전후에 그의 카리스마는 전 민족적으로 퍼져있었음을 확인할 수 있다.[59]

실제적인 활동을 펼쳤던 세 곳에서는 모두 최고 지도자였다. 이승만은 노령의 대한 국민의회 국무총리, 상해 대한민국 임시정부 국무총리, 한성 정부 집정관 총재로 추대되었다. 각 임시 정부마다 체계가 다르고 규칙이 달라서 국무총리, 집정관 총재 등 다양한 이름으로 불리웠지만, 이병주(李炳注)는 한마디로 요약한다. "그 모든 망명 정부가 대통령으로서 받든 사람은 오직 이승만이다."[60]

이승만이 가장 중요하게 여겼던 직위는 한성 정부의 집정관 총재였다. 조선의 수도였던 한성에서 13개도의 대표 25명이 국민대회를 거쳐서 최고 지도자로 추대한 것에 정통성을 부여했다.

한성 정부가 이승만을 추대한 이유는 여러 가지이다. 민주 정부의 수반으로서 이승만의 개인적인 탁월함, 한성 정부 요인들이 대부분 기독교인이었다는 점, 이승만이 미국에 한국의 독립을 호소하려고 할 때 적임자라는 요인 등이 중요했다. 동시에 "한성 감옥 인맥"이 한성 정부의 핵심 인물들이었다는 점도 빼놓을 수 없다.[61]

"복당동지"였던 신흥우와 이상재가 그들이다. 특히 성자와 같은 삶으로 한국인들에게 깊은 존경을 받았던 기독교 교육자 이상재가 이승만 추대에 앞장섰다.

한성, 노령, 상해의 임시 정부는 결국 하나로 합쳐져서 통합 상해 임시 정부가 된다. 1919년 9월 상해 임정은 "대한민국 임시 정부"로 세워져 임시 대통령으로 이승만을 선출했다. 이로써 이승만은 우리 민족과 정부의 대표자로 등장하게 된다. 임시 정부 대통령 이승만의 첫 업무에 대해서 올리버는 이렇게 말한다.

"이승만은 대한공화국 대통령 명의로 열강의 정부 수반들에게 외교 관계 개설을 제안하는 공식 서한을 보냈다. 할 수 있는 모든 일은 다한 셈이었다. 자금도, 강력한 지지자도 없는 소규모 망명 단체가 그토록 많은 것을 이룩했다는 사실이 놀라운 따름이다."[62]

왜 외교 노선인가?

임시 정부의 대통령이 된 이승만이 선택한 독립 운동 방법은 외교 노선이었다. 감옥에서 집필한 「독립정신」에 이미 그의 노선은 암시되어 있었다. 그는 "대한제국이 주변국에 의해 자주권을 침해받게 된 원인은 자주적인 외교를 하지 못했기 때문이다. 강대국 사이에서 약한 나라가 생존하기 위해서는 외교가 매우 중요하다."고 일찌감치 간파했다.

외교를 선택한 이유는 두 가지 정도로 정리할 수 있다. 첫째는 무장 투쟁론의 한계 때문이다. 1920년대에 이미 일본은 세계의 3대 군사 강국이었다. 전성기에 7백만에 이르는 강력한 군대를 거느린 일본을 무력으로 물리친다는 것은 사실상 불가능했다. 설령 독립군이 일본군에게 타격을 입힌다고 해도, 우리 민족이 받아야할 보복은 참혹했다.

일제는 1919년 3·1 운동 이후 고조되었던 국내외의 항일 운동 세력에 대해서 잔인하게 보복했다. 1920년 노령 연해주에서 4월 참변이 일어났다. 일제는 독립 운동을 억누르기 위해 한인에 대한 대대적인 체포, 방화, 학살을 저질렀다. 우리 겨레 300여 명이 죽고 100여 명 체포당하는 비극이었다.

뒤이어 간도 사변이 일어났다. 독립군의 근거지였던 간도 한인사회에 대한 무차별적 공격이었다. 3469명이 피살당하고 170명이 체포당했으며, 71명의 여인이 강간당했다. 민가 3209호, 학교 36개교. 교회당 36개가 일본군에 의해서 불타버렸다.

이처럼 우리가 일본군을 공격하면 일본군은 엄청난 보복을 동포들에게 퍼부어댔다. 무력으로 일본을 이길 수가 없고, 일본군을 공격한 대가로 치러야하는 우리 민족의 희생도 너무 컸기에, 이승만은 외교 노선을 주장했다.

둘째는 국제 정세를 읽는 이승만의 안목이었다. 이승만은 일찍부터 일본과 미국의 충돌을 예상했다. 아시아 각국을 침략한 일본은 구미 열강,

특히 태평양을 사이에 두고 위치한 미국과 필연적으로 대결하게 될 것이라고 판단했다. 그때가 도래하면 한국은 미국의 지원을 받아 무력 투쟁도 가능하리라고 보았다.

하지만 한국인의 자력(自力)에 의한 일본과의 정면 대결은 무모할 뿐만 아니라 소모전에 불과하다는 것을 이승만은 우회적으로 지적했다. 결국 미국의 힘을 이용할 때만 한국의 독립은 가능하다는 의미가 된다.

따라서 이승만에게 친미(親美) 외교 노선은 선택의 문제가 아니었다. 그것은 독립 운동의 유일한 길이자 마지막 보루였다. 그가 임시 대통령이면서도 정부의 소재지인 상해가 아니라 워싱턴에서 활동하기를 고집했던 이유도 이러한 신념 때문이었다.[63]

이승만은 1911년 11월 3일 임시 정부 요인 취임에 즈음하여 상해로 전보를 보냈다.

"원동(遠東)의 일은 총리가 주장하여 하고 중대한 일은 나와 문의하여 하시오. 구미의 일은 나에게 임시로 위임하시오. 중대한 일은 정부와 문의하겠소. 정부와 이곳은 절대적으로 협력할 필요가 있소."

본인은 친미 외교 노선에 집중하기 위하여 미국에 있을 것이니, 상해를 중심으로 한 임시 정부의 일은 총리인 이동휘(李東輝)가 진행하되, 자신에게 보고하라는 역할 분담을 제안한 것이다.

이승만의 외교 노선에 이동휘는 즉각 반발했다. 그는 이승만과는 정반대의 노선을 견지하고 있었기 때문이다. 이동휘는 연해주의 한인 사회당 세력과 연결된 인물이었다. 상해에서도 독립 운동가들에게 공산주의를 선전하고 보급했다. 그의 노선은 만주와 연해주 지역 독립군들을 중심으로 한 무장투쟁론이었다.

이념에서나 독립 운동 방법론에서나 정반대인 이승만을 향해서 이동휘는 "사회주의적 소양이 부족하다, 대가리가 썩었다"는 원색적인 비난을 퍼부었다. 하지만 이동휘식의 무장투쟁론이 뜻은 장하지만, 현실적으로 무모하다는 비판은 임시 정부 내에서도 제기되었다.

춘원(春園) 이광수(李光洙)는 〈독립신문〉에서 무장투쟁론을 '급진론'이라고 지칭하며 다음과 같이 주장했다.

"지금 급진론은 다만 입으로만 말하는 급진론이니, 인재를 내고 금전을 내고 조직적이고 공고한 독립당을 내놓기 전에는 아무리 급진을 부르짖는다 하더라도 앉은뱅이에게 달음질을 하라고 재촉함과 같다."[64]

맨주먹으로 수백만 일본군과 싸우자는 주장을, 걷지도 못하는 사람에게 달리라고 재촉하는 것에 비유했으니, 적절한 표현이다.

상해 임정에서는 그 후로도 독립 운동 노선을 둘러싼 갈등이 적지 않았다. 그러나 국내의 민족주의자들은 친미 외교 노선을 폭넓게 지지했다. 이상재와 안재홍이 1925년 3월 비밀리에 결성한 흥업구락부는 서울에서 학계, 언론계, 실업계, 관계(官界), 그밖의 전문직에 종사하는 유명 인사들을 포섭했다. 그들은 이승만과 마찬가지로 한국의 독립은 궁극적으로 미국의 후원에 달려있다고 보았다.[65]

외교 노선을 둘러싼 갈등은 이승만과 이동휘의 대립에서 보여지듯이, 이데올로기를 배경으로 했다. 확고한 반공주의자였던 이승만과 공산주의자였던 이동휘의 대립으로도 읽혀지기 때문이다. 오늘날에도 외교 노선을 걸었던 이승만을 비판하고 소위 '무장 투쟁'을 했다는 김일성을 높게 평가하는 흐름이 있다.

2012년 당시 국회의원 임수경이 탈북자를 '변절자'로 불렀다고 하여 소란이 일어났다. 이 사건을 폭로한 탈북 대학생 백요셉은 자신이 참여했던 수업에서 교수가 가르친 내용을 소개했다.

"김일성이 총을 쥐고 만주에서 피를 흘리며 나라의 독립을 위해 싸웠는데, 이승만이는 미국으로 도망가서 카바레서 블루스나 추고 양키 기생들하고 춤이나 추면서 '마이 컨트리 X됐다'하고 있었겠지? 라는 말을 했다. 여기저기서 웃음이 터져 나왔다. 학생들이 그 교수를 나꼼수 쯤으로 생각하는 듯했다."[66]

이 나라 대학의 한 단면을 보여준 기사이다. 대학에서 가르칠 정도이면 한 사회의 지성인이라 할 수 있는데, 전부가 아니라 일부 지성인들의 수준이라고 해도, 너무 심하다. 사실 관계를 확인하고 싶다. 먼저 김일성이 피를 흘리며 독립 투쟁했다는 부분이다.

김일성이 만주에서 독립 투쟁을 했던 기간은 길게 잡아야 3-4년 정도이다. 일찌감치 소련 영토로 넘어가 소련군 장교로 비교적 안정된 생활을 했음은 널리 알려졌다.

그나마 만주에서 항일 운동을 했다는 부분도 석연치 않은 구석이 있다. 북한 정권의 인민무력부장을 지낸 '공화국 영웅' 최현(崔賢)은 빨치산들의 투쟁담을 회고한 「회상기」에서 이렇게 쓰고 있다.

"나는 그들 마적(馬賊)들에 대한 정치 공작을 그만두고 미리 준비해온 아편을 한줌 꺼내 보이면서 탄약을 팔라고 하였다. 마적 두목 구점은 그제야 눈을 번쩍거리며 좋다고 웃는 것이었다...

나는 가만히 권총을 꺼내어 주인 앞에 갖다 댔다. 사태의 돌변에 주인은 어쩔 줄 모르고 10만원을 내놓고는 자기 아내에게 2만 5천원을 더 가져오게 하여 엎드려서 살려만 달라고 애원하는 것이었다.

우리는 주인을 인질로 잡아 차를 불러 타고 용정 시내에서 상당히 떨어진 모안산 밑까지 와서 산속으로 도망을 쳤다. 그날 무역 상인에게서 뺏은 돈이 트렁크에 가득했다.”

마적이니 아편이니 인질이니 뺏은 돈이니 하는 단어가 어쩐지 독립 운동과는 거리가 멀다. 북한의 부수상이었던 박헌영의 비서 출신으로 남로당 지하 총책이었던 박갑동(朴甲東)은 다음과 같이 해설한다.

“김일성패는 국내에서의 시민 생활의 경험이 없으니 인민 대중과의 혈연적, 정신적 연결이 없다. 그들은 조국을 모르고 일찍이 만주 땅으로 넘어갔거나 또는 그곳에서 출세한 자들이다. 그들은 만주 땅에서 먹고 살기 위해 땀을 흘리고 노동은 하지 않고 떼를 지어 다니며 약탈, 살인, 그리고 아편 장사까지 하고 다니던 패들이다.

그런 짓을 자랑삼아 ‘항일 유격 투쟁’이라고 하나 우리가 국내에서 한 ‘항일 독립 투쟁’과는 전혀 다른 것이다...

김일성패는 이렇게 하여 무고한 사람들에게서 돈을 강탈하고 말을 듣지 않으면 총을 쏘고 폭탄을 던지며 불을 질렀던 것이다. 아무리 독립이 좋다 해도 이렇게 강도질하는 데까지 독립의 이름을 붙여서야 그 독립이 무슨 독립이 되겠는가. 이런 자들이 북한의 정권을 쥔 데서 해방 후 우리나라의 불행이 시작된 것이다.

나는 이러한 김일성패의 정체를 잘 모르고 그들이 정말로 만주에서 독립 운동을 한 애국자이며 양심적인 사람들인 줄 알았다...”[67]

　이승만이 카바레에서 블루스나 추고 양키 기생과 놀아났다는 말은 엄격하게 따지면 고인(故人)에 대한 명예 훼손에 해당한다. 독립 운동가 시절, 이승만은 사과 한 개로 하루를 때우기도 했고 생일날 하루 종일 굶기도 했다. 프란체스카 여사가 이승만을 처음 만났을 때, 신비한 매력을 가진 노신사가 너무나 값싼 음식을 시키는 것에 은근히 신경이 쓰였다는 에피소드 역시 유명하다.

　이박사가 미국 최고의 명문 대학들을 줄줄이 졸업한 국제법 박사로서, 얼마든지 미국에서 편안히 지낼 수 있는 길을 마다하고 조국 독립을 위해 풍찬노숙(風餐露宿)하며 일생을 바친 것은 누구도 부인할 수 없는 사실이다.

　이승만 내외의 유품을 모아놓은 이화장에 가보면, 그분들이 얼마나 검소하게 살았는지를 생생하게 알 수 있다. 사실 확인도 없이, 선동적인 거짓말이나 하고 다니는 소위 ‘지성인’들이 많다는 것이 이 나라의 두통거리다.

　총들고 피흘리며 싸우는 무장 투쟁이 아니라 외교로 독립 운동을 했다는 것을 편한 길로 갔다고 간주하는 이들이 있다. 주체성이 없이 강대국에 의존하려는 것으로 치부하기도 한다. 그러나 이승만의 외교 노선은 참으로 힘겹고 험난한 여정이었다.

　나라도 없는데 외교를 한다는 것이 얼마나 어려운 과업인가. 더군다나 일본과 오랜 기간 우호 관계를 지속했던 미국을 움직여 일본을 물리친다는 것이 얼마나 불가능해 보이는 일인가. 세상에 어느 나라가 멸망해버린 약소국을 위해서 다른 강대국과 싸워주겠는가. 그 일이 성사되게 만들고 또 성사되기까지 기다린다는 것은 얼마나 허망하며 고통스런 세월인가.

결국에는 이승만이 옳았다. 사실 관계를 확인하면, 우리가 총 들고 싸워서 일본을 물리친 것이 아니고, 미국이 원자폭탄까지 사용해가면서 일본을 굴복시켰다. 그 시간이 오기까지 이승만은 숱한 모멸과 무시와 비판을 견뎌내야 했다.

이승만의 독립을 위한 외교 활동을 가리켜 이영훈(李榮薰)은 당랑거철(螳螂拒轍)이라고 했다. 사마귀가 수레를 막는다는 뜻이니, 자기 분수를 모르고 상대가 되지도 않는 강자와 맞선다는 것이다. 하지만 이승만은 마침내 수레를 막아서 방향을 돌려버린 사마귀가 되었고, 골리앗을 쓰러뜨린 다윗이 되었다. 허문도(許文道)의 논평이 적절하다.

"이승만은... 나라가 망하자 그 혼의 불씨를 가슴에 담아 지구 저쪽으로 가서는 한평생이 다 가는 기약 없는 수십 년을 버텨내어, 기다렸던 천시(天時)에 그 불씨를 갖다 대기도 했던 것이다."[68]

최초, 최고의 반공주의자 : 반공 독립 노선

이승만의 천재성은 공산주의에 대한 입장에서도 분명히 나타난다. 1917년 러시아에서 혁명이 일어났을 때, 전 세계의 지식인들이 갈채를 보냈다. 국민들을 노예로 삼아 억누르며 절대 권력을 휘두르던 러시아의 짜르(황제)를 물리치고 노동자와 농민의 나라를 건설하겠다는 혁명의 대의(大義)에 열광했다.

하지만 이승만은 바로 그 순간부터 반공(反共)이었다. 1917년 혁명 직후부터 공산주의는 "원래 자유롭게 되기를 원하는 인간 본성을 거역해 가며 국민을 지배하려는 사상 체계"라고 간주했다. 공산주의를 따르는 정치는 반드시 실패할 것이라고 장담했다.[69] 세계의 주요 지도자들 가운데 가장 먼저 공산주의의 정체를 파악한 것이다.

여기에서 한 가지 질문이 생긴다. 이승만은 어떻게 그토록 일찍 공산주의를 꿰뚫어보고 그토록 강경하게 반대할 수 있었을까? 이승만 연구가들의 대답은 한결같다. 손세일, 조갑제, 김길자의 견해가 같다. 그것은 이승만이 철저한 기독교인이었기 때문이라는 대답이다.

그는 진리에 정통했기에 거짓의 가면에 속지 않았다. 빛에 몰두했기에 어둠은 쉽게 분별할 수 있었다.

이승만의 반공 노선은 임시 정부에서 파문을 일으켰다. 임시 정부 내에 공산주의자들이 있었고, 그들은 소련의 지원을 받았기 때문이다. 1920년 한인 사회당 대표로 박진순, 박애, 이한영이 모스크바에 파견되었다. 그들은 소련 공산당으로부터 60만 루블의 지원금을 받아서 돌아왔다. 이들과 이동휘, 김립 등 상해의 공산혁명 간부들은 1920년 9월 15일 한인 공산당을 조직했다.

1920년 임시 정부에서는 대통령 이승만과 국무총리 이동휘의 정면 대결이 벌어졌다. 이승만은 소련과의 협력은 조국을 공산주의자의 노예로 만들자는 것이라며 끝까지 물러서지 않았다. 그의 일생을 특징지은 강력한 반공주의의 시작이었다.

1923년 이승만은 논설 "공산당의 당 부당"을 집필했다. 주요 내용을 소개한다.

"모든 부자의 돈을 합하여다가 나누어 가지고 살게 하면 부자의 양반 노릇하는 폐단은 막히려니와, 재정가(기업가)들의 경쟁이 없어지면 상업과 공업의 발달이 되기 어려우리니, 사람의 지혜가 막히고 모든 기기묘묘한 기계와 연장이 다 스스로 폐기되어, 지금에 이용후생(利用厚生)하는 모든 물건이 다 더 진보되지 못하며, 물질적 개명이 중지될지라..."

한일합방이 되었을 때, 이승만은 임금이 없어지고 양반 제도가 없어지고 상투가 없어져서 좋다는 말을 하여 물의를 일으킨 적이 있었다. 나라가 망한 판에 좋아진 점이 있다고 하니, 위험한 발언이기는 했다.

하지만 임금과 양반과 상투를 그토록 싫어했던 이승만의 평등주의를 보여주는 장면이기도 하다. 실제로 왕족 이승만은 독립 운동을 하면서 신분에 구애받지 않고 사람들과 어울렸다. 그의 협력자들은 양반에서부터 하층 양반, 중인, 상민에 이르기까지 다양했다.

뼛속까지 평등주의자인 이승만은 공산주의가 평등을 주장하는 점은 부자의 양반 노릇하는 폐단을 막을 수 있는 장점도 있다고 인정한다. 하지만 사유 재산 제도가 폐지되면 열심히 일하는 사람이 없어지리라고 지적했다.

일을 하든 안 하든 똑같이 갖는다면, 누가 구태여 고생해 가면서 일하겠는가? 똑같이 갖게 되면 일도 안 하게 되고 경쟁도 시들해져서 결국 인간 능력은 충분히 발휘되지 못한다. 그런 세월이 모이고 쌓이면, 인간 개발이 중단되는 엄청난 사태가 닥친다고 이승만은 예언했다.

이승만은 "물질적 개명이 중단"된다고 말했다. 개명이 중단되면 원시 상태가 된다. 이 주장은 휴전선만 넘어가면, 실체로 확인된다. 수십년 공산주의를 따라간 결과, 길바닥에 시체가 뒹구는 북한이야말로 개명이 중지된 원시 사회가 아니면 무엇인가.

시간은 예언을 확증한다. 이승만의 예언적인 논설이 발표되고 66년이 지난 다음, 소비에트 사회주의 연방 공화국의 마지막 공산당 대회에서 서기장 고르바초프는 심각하게 토로했다. "자본주의 체제 안에서 기술 혁신이 이토록 발달하리라고는 생각하지 못했다."

뒤집어 읽으면 공산주의 체제에서는 기술 혁신이 발달하지 못했다는 뜻이다. 이승만의 예언이 정확하게 맞았음을 입증한다. 이승만의 글은 이어진다.

"설령 세상이 다 공산당이 되며 동서양 각국이 다 국가를 없이 하야 세계적 백성을 이루며, 군사를 없이하고 총과 창을 녹여 호미와 보습을 만들지라도, 우리 한인은 일심단결로 국가를 먼저 회복하야 세계에 당당한 자유국을 만들어놓고 군사를 길러서 우리 적국의 군함이 부산 항구에 그림자도 보이지 못하게 만든 후에야 국가주의를 없이할 문제라도 생각하지, 그전에는 설령 국가주의를 버려서 우리 2천만이 모두 백만장자가 된다 할지라도 우리는 원치 아니할 바라..."

공산주의 운동은 계급투쟁이다. 자본가에 대한 노동자의 투쟁을 기본으로 한다. 초기의 공산주의자들에게 조국은 없고 계급만 있을 뿐이었다. 이승만은 그 점을 비판한다. 나라를 잃은 우리에게는 일단 나라를 되찾고 외세를 물리친 자주 독립 국가가 되는 것이 중요하다. 조국이 없다는 공산주의는 독립 운동에 제약이 된다는 점을 지적했다.

모난 돌이 정 맞는다. 둥글둥글하고 무난해야지, 튀어나와 모가 나면 표적이 되기 쉽다. 그때부터 지금까지 이승만의 반공주의는 무수한 표적이 되어왔다. 그에게는 비난이 빗발쳤다. 실제로 소련의 자금이 지원된 상황에서, "노예"운운하며 소련을 배척하고 현실적으로 도움이 안 되는 미국에 집중한 외교 노선은 임시 정부 내에서도 강력한 반발을 불러왔다.

1925년 3월 31일자 〈독립신문〉이다.

"원래 외교라는 것은 외국과 교섭하여 자국의 이익을 도모하는 것이다. 이런 목적에 비추어볼 때, 우리와 같은 처지에 놓인 중국과 약소민족, 그리고 침략적 자본주의 및 제국주의를 적으로 하는 소련과 제3국제당(코민테른 - 국제 공산당)이 일차적인 외교 대상이 되었어야 마땅했다. 태평양과 중국 대륙에서의 이권을 놓고 일본과 다투는 미국, 영국, 프랑스 등 서방 열강도 있지만, 그들은 어디까지나 제2위에 속한다.

그런데 이승만은 소련은 적색(赤色)이라 위험하니 불가근(不可近)이고, 중국 등은 약자라 무세(無勢)하니 불가교(不可交)라 하여 오직 백색유세(白色有勢)한 미국만을 하늘같이 신뢰했다. 그러나 미국이 우리 민족 운동에 대하여 하등의 원조를 주었다는 것을 아직 듣지도 보지도 못했다."

숱한 비난에도 불구하고 이승만의 반공노선은 더욱 투철해졌다. 이미 1917년 무렵부터 가졌던 반공 의식은 1933년 모스크바를 방문하면서 분명한 확신이 되었다. 여행을 즐겼고 수많은 대륙과 바다를 건넜던 이승만은 파리의 국제 연맹 회의에 참석한 뒤 모스크바에 갔다. 짧은 체류였지만, 이승만은 분명한 인상을 받았다. 그때의 느낌을 적은 기록이다.

"내가 모스크바를 다녀온 동안에 보고 느낀 것은 오스트리아, 헝가리의 농가들보다도 러시아의 농가가 가장 빈약한 점이었다. 기차 속에서 만난 미국인들은 러시아의 길거리에서 굶어죽은 사람을 많이 보았다고 하였다."70)

노동자와 농민의 천국이라는 소련에서 길거리에 굶어죽은 시체가 널려 있었다. 이는 공산주의의 허구성과 악마성을 분명히 보여주는 사례이다.

직설적으로 표현하면, 공산주의는 사람 잡아서 무기 만드는 귀신이다. 소련과 중국과 북한이 똑같이 핵을 개발하고 무기를 구입하느라고 수천만, 수백만의 대량 아사(餓死)를 방치했다.

그런 북한을 추종하는 자들은 입만 열면 평화를 말한다. 주한 미군을 철수시키고 평화 협정을 맺어야 한다고 말한다. 사람 굶겨죽이면서 핵을 만드는 것이 평화라니, 더 이상 위선적일 수 없을 만큼의 위선이다.

1933년 모스크바로 떠나기 직전에 이승만은 제네바, 그리고 비엔나에 있었다. 그곳의 국제 연맹 회의에 참석했다가 우연히 훗날의 반려자 프란체스카를 만났다. 그 사연을 생각해보면 1933년은 이승만의 일생에서 참으로 중요한 해이다.

비엔나의 숲을 거닐며 서양 여인에게 '사랑'이란 한국어를 가르쳐준 동양 신사는 곧이어 모스크바에서 평생을 바쳐 싸워야할 증오의 대상을 발견했다. 1933년 한 해에, 사랑과 증오가 극심하게 교차했다.

흥미로운 점은 대한민국 건국의 아버지 이승만과 함께 건국의 어머니로 존경받는 김성수(金性洙) 역시 소련을 방문하여 같은 인상을 받았다는 점이다. 고려대학교의 설립자이며 〈동아일보〉의 발행인이었던 김성수가 소련을 방문한 것은 이승만보다 1-2년 앞선 때였다. 소련을 본 그는 다음과 같은 소감을 남겼다.

"평등을 강조하면서도 실제로는 계급 차이가 극심할 뿐 아니라 빈부 격차가 심하여 참다운 사회주의가 정착할 것 같지 않다. 당 지도자들의 호화, 사치 생활 풍조가 도를 넘는다. 노동자의 천국이라는 소련에 노동자들이 아사(餓死) 상태에서 힘겨워 길가에 쓰러져 죽어나가고 있다."[71]

이승만이나 김성수나 그 당시는 물론, 지금의 기준으로 보아도 부러울 만큼 세계를 두루 돌아본 이들이다. 거의 세계 일주를 했다고 해도 과언이 아닐 정도이다. 넓은 세상을 누비며 공산주의의 실체를 직접 눈으로 본 이들이 이 나라의 대통령과 부통령이 되어 공산주의를 막아냈다. 국민들에게 내리신 하나님의 복(福)이 아닐 수 없다.

반공 노선이 확고해지는 것은, 먼 미래를 향해서는 당연하고 바람직했다. 우리 민족의 차원에선 다행스러웠다. 하지만 당시의 이승만에게는 고립과 적대를 의미했다. 독립 운동과 건국의 시기에 시대의 유행은 반공이 아닌, 좌우합작(左右合作)이었다.

2차 대전의 연합국들은 일본, 이탈리아, 독일이라는 공동의 적과 싸우기 위해서 좌우 합작 형태의 전쟁을 진행했다. 중국에서도 일본에 대항해서 국민당과 공산당의 연합(국공합작)이 이루어졌다.

국공합작을 주도하고 이승만을 괴롭힌 인물이 중국의 외교부장 송자문(宋子文)이다. 그는 국민당 최고 지도자 장개석의 처남으로 외교를 관장하는 실력자였다. 송자문은 소련과 공산주의에 호의적이었다. 결과적으로 훗날의 역사에 비추어 평가한다면, 국민당이 공산당에게 망하게 만든 일등 공신이었다.

국민당을 망하게 만든 그가 상해 임시 정부에도 영향을 끼쳤다. 송자문은 장차 한국이 독립되었을 때, 김원봉, 조소앙 등 중국에서 활동하던 좌파가 집권하기를 희망했다. 그래서 김구에게 좌파 세력을 받아들이도록 압력을 가했다.

이승만은 김구에게 공산당과 손을 잡으면 관계를 끊어버리겠다는 강경한 경고를 거듭 보냈다. 하지만 김구가 임시 정부를 유지하기 위해선 자금이 필요했고, 자금을 제공하는 송자문의 압력을 물리치기 어려웠다. 결국 김구는 김원봉 등 공산주의자와 제휴했다. 1942년 12월 상해 임시 정부가 좌우합작 정부가 되었다.

기약 없는 외교, 구미(歐美)위원부의 활동

한성 정부의 최고 지도자로 추대된 이승만은 1919년 8월 25일 집정관 총재 명의로 공포문을 발표한다. 그중 제 2호에 "대한민국을 구미(유럽과 미국) 각국에 대표"하는 기관으로 구미위원부를 성립한다는 내용이 있다.

구미위원부의 권한과 기능은 구미(歐美)에서 정부의 주권 되는 기관이었다. 정부의 대표 자격으로 유럽과 미국 지역에서의 국사와 외교는 물론 교포에 대한 행정적 기능도 상해 임정을 대신하여 총괄하는 것이었다. 말하자면 상해 임정과 구미위원부의 관계는 동서 양쪽에 분립된 일종의 연립 정부였다고 할 수 있다.[72]

구미위원부는 이승만의 친미 외교 노선을 실행하는 기구였다. 구미 위원부를 통하여 미주 교민들로부터 안정적인 자금 지원을 확보하고 이를 바탕으로 서방 열강, 특히 미국에 대한 외교, 선전 활동을 꾸준히 전개해나감으로써 미일(美日) 관계가 결정적으로 악화될 때 미국의 지원을 얻어 한국의 독립을 회복하고자 했다.

구미위원부는 미국 본토에 25곳, 미국의 속령 하와이에 11곳, 멕시코와 쿠바에 6곳의 지방 위원부를 두었다.

구미위원부 출범 이후 이승만이 제일 먼저 착수한 것은 독립 운동 자금 모금이었다. 모금을 위해 이승만은 아직 세워지지도 않은 대한민국 명의의 독립 공채(公債)를 판매한다는 기발한 아이디어를 활용했다.

그것은 핀란드의 유명한 여류 독립 운동가 말름스트롬(Malmstrom) 여사에게서 얻은 아이디어였다. 이승만은 1918년 뉴욕에서 열리는 약소국 대표회의에 참석하기 위해 여행하던 중, 여사에게서 공채 발행에 대한 힌트를 얻었다.

공채 발행 실적은 양호했다. 미주, 하와이, 멕시코, 쿠바, 칠레, 캐나다 교포와 화교에게 1921년까지 81,351달러가 모금되었다. 그 액수는 구미위원부 총수입의 65%였으며, 해외 독립 운동 단체가 거둔 자금 중 최고액이었다.

구미위원부는 공채 판매 대금으로 매달 상해 임정에 천 달러 이상을 송금했다. 그리고 독립 운동 관련 저서 및 잡지, 팜플렛 출판을 지원했다. 필라델피아의 서재필이 발간한 〈한국 평론 (Korea Review)〉, 프랑스 파리에 있던 황기환(黃玘煥)의 〈자유한국〉 등의 발간을 후원했다.

특이한 점은 공채에 적힌 글이다. "대한민국 임시 정부는 조국 독립을 전취(戰取)하기 위한 투쟁에 있어 그 자금난에 봉착하였다. 하나님은 기필코 한국민에게 자유를 부여할 것이며 정의에 호소하는 우리의 독립은 반드시 성취될 것이다.

임시 정부는 자금 염출 방법으로 공채를 발행하나니 애국 애족하는 동포들이여, 솔선하여 공채를 구입하기 바란다. 이 금액은 일제의 압제에서 해방되어 합법 정부가 수립되는 즉시 상환한다."

당시 한국의 기독교인 비율은 1% 남짓한 실정이었다. 그런데 임시 정부의 공채에는 분명히 하나님에 대한 신앙이 공개적으로 표현되어 있다. 한성 감옥의 사형수 이승만을 사로잡았던 기독교 입국론은 독립 운동의 과정에서도 여전히 빛을 발하고 있었던 것이다.

구미위원부의 활동으로 1920년 미국 상원 본회의에 "한국 독립 승인안"이 제출되었다. 34대 46으로 부결되기는 했지만, 미국 의회에 한국 문제가 상정되었다는 중요한 전례를 남겼다. 유럽과 미국 등 열강들을 상대로 한국 독립을 끊임없이 호소한 이승만의 입장은 "코리아 완충 지대론"이라고 요약할 수 있다. 이승만은 주장했다.

"일본이 한국만 집어삼킨 것이 아니라 중국도 공격하고 결국에는 미국과도 한판 승부를 벌이게 된다. 그러면 전 세계가 싸움터가 되어서 막대한 손실을 입고 수많은 사람들이 죽어야 한다. 그 비극을 방지하려면 한국을 독립시켜서 일본을 견제하고 강대국들의 충돌을 방지하는 완충 지대로 만들어야 한다. 한국을 독립시키는 것이 세계 평화에도 좋고 강대국들의 이익을 위해서도 좋다."

현재의 시점에서 판단해보면 이승만의 주장에는 틀린 말이 없다. 결국은 그의 말처럼 되고 말았다. 하지만 당시에 이승만의 주장은 웃음거리로 취급당했다. 이승만이 맨주먹 붉은 피로 외교전을 벌일 때, 일본이 놀고 있었던 것은 아니다.

일본은 이승만과 비교할 수도 없는 자원과 역량을 활용하여 서구 열강을 자신들의 편으로 만드는데 성공했다. 세계 최고 패권국의 지위를 차례로 차지하는 영국과 미국이 일본의 동맹국들이었다. 강력한 일본을 기반으로 태평양에 평화를 이룩한다는 것이 미국 외교의 기본 방침이기도 했다.

일본은 인구는 늘어나는데 땅은 좁아서, 자원을 얻기 위해서는 팽창할 수밖에 없다는 논리를 펼쳤다. 이에 열강들이 공감했다. 사실은 그네들이 한통속이기도 했다. 같은 강대국의 입장에서 약소국, 더군다나 멸망해버려서 지도상에도 없고 망국민들의 가슴과 목소리에만 살아있는 나라를 위해 다른 강대국과 싸운다는 것은 있을 수 없는 일이었다.

이승만의 주장이 결국에는 맞았지만 시간이 걸린 점도 문제였다. 일본이 만주를 침략한 것이 1931년, 중국에 쳐들어간 것이 1937년, 미국과 한판 승부를 벌인 것이 1941년이다. 그때까지는 누구도 일본의 침략을 이승만처럼 정확하게 예측하지 못했다. 앞서간 이에게, 기다려야하는 형벌이 내려졌던 것이다.

기나긴 세월을 기다려서 때가 되었을 때도, 이승만은 여전히 약자일 수밖에 없었다. 국제 관계의 기본은 힘이다. 더군다나 이승만이 외교 활동을 벌였던 기간은 노골적인 약육강식(弱肉強食)의 시대였다. 맞는 소리를 했다고 해도 힘이 없으면 무시당할 수밖에 없었다. 이승만은 참으로 쉽지 않은 길을 걸어야 했다.

그러나 조국 독립을 향한 애국자의 발걸음은 누구도 막을 수 없었다. 그는 계속해서 거절당하면서 계속해서 국제회의에 참석했다. 그때마다 최고위급의 외교관들을 접촉하고 문서들을 뿌려서 한국을 홍보했다. 세계 일류 정치가들에게 한국 독립의 당위성을 알렸다.

독립 운동가 이승만의 마지막 10여 년은 참으로 고독한 세월이었다. 기약 없는 외교 활동에 모두들 등을 돌렸다. 소수의 지지자들마저도 오랜 세월 보이지 않는 성과에 지쳐있었다. 이승만의 거듭된 독립 요구에 피곤해진 미국은 그를 고집불통에 타협을 모르고 개인적 야망에 사로잡혀 자신의 이해 관계에 집착하는 인물로 매도해 버렸다.

그 시절 이승만을 지탱한 것은 신앙이었다. 그는 하나님과의 깊은 교제에서 끊임없는 활동력과 영감을 얻었다. 그를 지탱해 주신 하나님은 그의 오랜 기도에 응답하셨다. 눈물로 씨를 뿌린 이가 기쁨으로 거둘 날이 다가오고 있었다. 이승만은 결정적인 시간이 다가오고 있음을 직감했다.

영어로 쓴 베스트셀러 『Japan Inside Out』

1938년 후반기에 들어서면서, 세계가 요동쳤다. 전무후무한 참극, 제2차 세계 대전이 일어날 조짐이 보이기 시작했다. 나치 독일의 히틀러는 1938년에 오스트리아를, 이듬해 체코슬로바키아를 합병시켰다. 서서히 전운(戰雲)이 감돌고 있었다.

전쟁의 발발을 예감한 이승만은 1939년 4월 활동 무대를 하와이에서 워싱턴으로 옮겼다. 그가 삼십년 넘게 듣는 이 없는 가운데 홀로 외친, 미국과 일본의 대결이 다가오는 것을 느낄 수 있었다. 이승만은 붓을 들어, 일본의 정체를 썼다. 영어로 된 책 제목이 『Japan Inside Out』, 흔히 『일본 내막기』로 번역된다. 최근에는 『일본, 그 가면의 실체』라는 제목73)으로 출판되었다.

서문에서 이승만은 더 이상 피할 수 없는 전쟁이 다가오고 있음을 경고한다.

"미루는 것은 해결책이 아니다. 불은 매일 매일 우리 곁으로 다가오고 있다. 몇 년 전까지도 닥쳐오는 위험을 알리는 목소리는 희미했다. 위험은 너무나 먼 곳에 있어 마치 화성이나 다른 천체에 존재하는 것 같았다.

얼마 후 멀리서 피어오르는 연기가 보였고, 구름에 비친 불빛을 보았는지도 모르고, 때로는 숲이 타는 맹렬한 기세가 들렸을지도 모른다. 그러나 너무 멀리서 일어나는 일이었기에 걱정을 하거나 경종을 울릴 정도는 아니었다.

그러나 이제 모든 것은 변했고, 이미 열기를 느낄 정도이다. 안심하고 있기에는 불길이 너무 가깝다. 더 이상 불길을 무시하기에는 위험하다.

당신들은 집이나 일터를 떠나야 한다. 서구 열강이 동양에 수립한 국제 질서는 포기되어야 한다. 그뿐만 아니라 당신들의 사업 투자와 선교 단체, 대학, 병원 외에도 당신들이 세운 다른 모든 기관들마저 잃게 될 처지에 놓였다...

아직도 이렇게 말할 수 있겠는가? '한국인, 만주인, 중국인들의 싸움은 그들의 싸움이니 혼자 싸우게 하라'고...

멈추지 않고 계속되는, 불가항력적인 전쟁의 수레바퀴는 앞으로 움직이고 있고, 그 전쟁의 수레가 지나가는 자국 뒤에는 문명과 인도주의의 파괴만이 있을 뿐이다. 그것은 또한 엄청난 파괴력을 내포한 채 우리 곁에 다가오고 있는 것이다."

전쟁을 말하는 책인데, 첫 장에서 이승만은 심리와 종교의 이야기를 꺼낸다. 기독교로 백성들을 교화(敎化)하는 것을 국가의 근본으로 생각했던 인물답게, 천황제에 담긴 일본인들의 종교 심리를 분석한다. 천황은 일본의 유일신이고 천황을 위해서 죽으면 신이 된다는 일본의 종교로부터 무서운 전쟁이 비롯된다는 탁월한 통찰이다.

전쟁을 논하되, 무기로서만이 아니고 사람으로 만도 아니며 신들의 전쟁, 영적인 전쟁으로 해석하는 이승만 특유의 종교적 시각을 보여준다. 따지고 보면 만물의 근원은 영적이다.

이승만의 분석에 의하면 일본은 7천만의 신으로 형성된 전쟁의 도구이다. 그들은 아시아와 세계에 새로운 질서를 수립해야 할 신적인 과제를 안고 있다고 믿고 있다. 이승만은 천황 중심의 신비주의로부터 출발하여 극단적 애국심으로 결합된 일본인들의 특수한 전쟁 심리를 파헤친다.

주목할 만한 부분은 10장이다. 이승만은 일본이 한국과 중국 등, 아시아 각 지역을 침공했던 역사를 열거한다. 그러면서 알래스카나 하와이도 얼마든지 침략의 대상이 될 수 있다고 말한다. 이 예언 그대로 일본은 하와이를 공격했다.

일본의 아시아 침략은 자유세계 전체에 대한 위협임을 15장에 걸쳐서 열거한 후, 이승만은 미국의 행동을 촉구했다. 미국이 당장 경제적, 도덕적, 군사적 총력을 동원해 일본을 막지 않으면 전쟁으로 이어진다고 주장했다.

"너무나 커다란 역사적인 '아이러니'는 일본이 자신들로 하여금 좁디좁은 섬나라의 껍데기를 벗겨내고 근대화된 문명 세계로 자신들을 안내해 준, 바로 그 나라를 향하여 총부리를 겨누고 있다는 사실이다.

1854년 일본이 첫 번째로 시도한 해외 문화 개방 정책의 일환으로 통상 무역과 주재(駐在)에 대한 협상을 매듭지을 때, 미국의 페리(Perry) 함대 사령관은 뜻하지 않게 그들을 전적으로 도와주었다. 그런데 이것이 곧 뒷

날에 동방의 조그마한 섬나라가 미합중국을 전면적으로 위협하며 달려들
게 하는 단초를 제공해 준 것일 줄이야."

책의 마지막 문장들은 꿈에도 잊지 못하는 조국을 향한 글들이다. 이승
만이 무엇 때문에 일본을 논하고 미국에게 경고하는 지를 보여준다. 이승
만은 국제 정세의 대가로 뛰어난 전문성을 가졌다. 그것은 어디까지나 한
국을 위한 전문성이었다.

"일본의 패권욕의 '희생양'으로서, 특히 최초의 '희생양'이란 것을 입증하
기 위한 실례로서, 한국이 당하고 있는 억울한 경우를 제시하는 것이 필자
의 임무이다. 한국의 운명은 세계 자유민들의 운명으로부터, 또한 한때는
자유를 누려왔으며, 당분간은 그 자유를 상실당하고 있는 수많은 사람들
의 운명과 불가분의 관계에 있음을 부인할 수 없다.

분명히 단언하건대, 우리가 감히 예상하고 또 희구(希求)하고 있는 것보
다 더 일찍 세계의 자유 민주주의 세력이 일본인들을 그들의 섬나라에
다시 잡아넣을 것이며, 평화는 다시 찾아올 것이다.

그때에 우리 한국은 전 세계의 자유 국가들과 어깨를 나란히 하게 되고,
또다시 '고요한 아침의 나라'로 세계 앞에 당당히 서게 될 것이다."

책의 마지막 문장들을 읽다보면, 끝까지 희망을 포기하지 않았던 애국
자의 맥박이 느껴진다. 끝이 보이지 않는 절망의 세월 속에서도 이승만의
심장은 희망으로 고동치고 있었다. 그 희망이 현실이 되어, 오늘날 한국은
세계 앞에 당당히 서 있다.

『Japan Inside Out』에 대해서 여러 평자들이 논평을 했다. 이승만은

〈아시안 매거진〉에 실린, 노벨 문학상 수상자 펄벅(Pearl Sydenstricker Buck) 여사의 논평을 제일 좋아했다.

"이것은 무서운 책이다. 나로서는 이것이 사실이 아니라고 말하고 싶으나 너무나도 진실이기에 무서운 것이다...

그는 이 책에서 '공포'를 쓴 것이 아니며, 분명히 일어난 사건을 지적하고 증거를 제시한 것에 불과하다. 만약에 극동에서 일본이 계획하고 있는 새 질서에 관해서 권위 있게 증언할 수 있는 사람이 있다면 그것은 한국 사람인 것이다.

나는 미국인 대부분이 모르고 있는 사실, 즉 미국이 1905년에 한미 수호 조약을 폐기하고 일본이 한국을 정복하도록 인정해 준 사실을 비난할 수 있음을 다행으로 생각한다... 이것은 외교의 실책이 얼마나 중대한 것인가를 증명해 주는 하나의 표본이기도 하다.

그는 미국에 대한 일본인의 태도를 이야기할 때 미국인이 진정으로 감사해야 할 경고를 해주고 있다. 거기에는 일본인에 대한 개인적인 증오는 조금도 없고, 다만 일본인의 심리 상태가 전 인류에 대해 얼마만큼 위험한가를 정확하게 진단하고 있다.

이것은 미국인을 위해서 쓰여진 것이므로 미국 사람은 읽지 않으면 안 될 책이며 지금이야말로 읽어야할 시기인 것이다. 되풀이하거니와 이 책이 진실하다는 데서 나는 오히려 두려움을 느낀다."

이한우는 이렇게 평가한다. "지금 와서 보더라도 우리의 국가 이익을 위해 다른 나라 사람들을 상대로 그 나라의 언어를 사용해 이처럼 설득력 있는 논리를 전개할 수 있는 외교관이나 학자는 몇 명이나 될까? 이 책의 가치는 더욱 크다."[74]

『Japan Inside Out』이 출판된 것은 1941년 여름이었다. 그런데 그 해가 끝나가던 12월에 갑자기 날개 돋친 듯이 책이 팔렸다. 미국 내 서점에서 매진되었고 영국에서도 출판되었다. 12월 7일에, 이승만의 예언대로 일본이 진주만을 공격함으로써 태평양 전쟁이 발발했기 때문이다. 프랭클린 루즈벨트는 12월 7일을 "영원한 치욕의 날"이라고 불렀다. 그것은 미국이 수십 년에 걸친 이승만의 충고를 무시한 대가였다.

이승만은 '예언자' 라는 별명을 얻었다. 그전까지 그는 미국 국무부에 '독립에 미친 늙은이' 로 알려져 있었다. 책이 출간되고 전쟁이 터지면서, 특히 미국 군부(軍部)에서 이승만을 호의적으로 보게 되었다. 이승만에 대한 국방부의 긍정적인 시각은 국무부의 부정적인 평가를 상쇄해 주며, 이후 이승만과 한국의 진로에 중요한 영향을 끼치게 된다.

국방부는 이승만과 협조적인 관계를 구축했다. 그 첫 열매가 한국인들의 OSS 참여였다. OSS(Office of Strategic Service)는 대외 첩보 공작 기관이다. 훗날 그 유명한 CIA로 발전한 조직이다.

주요 임무는 포로의 심문과 적의 문서 번역, 적의 방송 및 무전 청취 등을 통한 정보 수집, 적의 점령 지역이나 후방에서 현지 주민들을 중심으로 유격대를 조직해서 적의 시설을 파괴하는 것이었다. 첩보 영화에 자주 나오는 역할이다.

1942년 1월 24일 OSS 공작을 위한 한국인 고용 계획이 승인되었다. 평소 이승만과 친분이 있던 OSS 책임자 프레스턴 굿펠로우(Preston Good-fellow) 대령은 구미위원부의 추천을 받아 일본어와 한국어에 능통한 한국 청년들을 훈련시켰다.

이때 OSS 대원이 된 청년들 중에는 장기영, 이순용, 정운수, 유일한, 김길준 등 장차 대한민국에서 중요한 역할을 맡은 이들이 다수 포진되어 있었다.

독립 운동기 외교의 또 하나의 성과는 적성 국민 명단에서 한국민을 제외한 것이다. 1941년 12월 28일 미국 정부는 적국 외국인 단속령을 내렸다. 적국민(敵國民)으로 간주된 이들은 모든 종류의 무전기, 단파 라디오, 카메라 소지를 금지 당했다.

가장 큰 피해자들은 미국에 있던 일본인 1세와 2세들이었다. 미국 정부는 일본계 미국인 12만 명을 "잠재적인 적"으로 간주해 캘리포니아 등 10개 지역의 사막에 만든 강제 수용소에 집어넣었다.[75]

그런데 그 과정에서 일본의 식민지였던 한국이 문제가 되었다. 공식적으로는 일본 국적을 가지고 있었기에, 한국인들도 일본인으로 취급당할 수 있었다. 이에 이승만과 구미위원부는 미국 법무장관 비들(Biddle)과 육군 장관 스팀슨(Stimson)을 설득했다. 미국 정부가 우리 교포들을 일본인과 구별하여 우호적 외국인으로 취급하도록 했다.

이승만의 외교는 성공을 거두었다. 1942년 2월 9일 적성국가 외국인에 가해진 규제의 특별 면제 대상을 규정한 성명이 발표되었다. 내용은 다음과 같다.

"1940년의 외국인 등록법에 의해 등록된 오스트리아인, 오스트리아 - 헝가리인, 한국인으로 자의로 독일이나 이탈리아, 일본의 국적을 취득하지 않은 사람들은 카메라나 라디오, 혹은 적성 국가 외국인에게 소지가 금지된 품목을 신고할 필요가 없으며, 여행과 거주의 제한도 받지 않고,

특별한 신분증을 지니지 않아도 되며, 독일, 이탈리아, 일본 국적의 외국인에게 적용되는 여타 제한이나 규제를 준수하지 않아도 된다.

이 면제의 목적은 무력 침략으로 자신들의 조국을 짓밟은 외국 정부에 충성하지 않은 수많은 충성스러운 오스트리아인, 오스트리아 - 헝가리인, 한국인들을 규제에서 제외하기 위함이다."

미국 법무장관의 성명에는 특별한 의미가 있었다. 오랫동안 미국은 한국의 독립 문제를 일본의 내정(內政)에 관한 것으로 취급했다. 한국을 일본의 일부로 본 것이다. 미국은 남의 나라 내정에 간섭할 수는 없다는 이유로 한국의 독립 요구를 외면해 왔다.

한국인들의 국적은 일본으로 취급당했다. 일본 국적자로 인정되기를 거부한 이승만은 오랫동안 무국적자로 활동해야 했다. 해외여행을 나갈 때마다 국적이 없어서 곤란을 겪은 것이 한 두 번이 아니었다.

그런데 태평양 전쟁이 발발하면서, 적성 국가를 지정하는 과정에서 미국은 한국을 일본으로부터 명백히 분리했다. 일본은 한국인들의 조국이 아니라, 무력으로 짓밟은 외국 정부에 불과하다고 분명히 법적으로 선언한 것이다.

이는 이승만과 동지들이 미국으로부터 얻어내기 위해 오랜 세월 투쟁해 온 것이었다. 법무장관의 성명은 일본에서 분리된 한국의 존재를 확실하게 인정하고 있었다.

임시 정부 승인 외교

태평양 전쟁이 터지자, 이승만이 제일 먼저 취한 조치는 임시 정부 승인 요청이었다. 이승만은 2차 대전이 끝난 뒤에 소련이 한반도를 점령하여 공산화시킬 것을 염려했다. 그전에 미국의 승인을 받은 우리 정부가 있어야 소련의 야욕을 막을 수 있다고 판단했다.

이승만의 예측은 몇 수 앞을 내다본 고수의 시각이었다. 훗날 이것 역시도 옳았음이 판명되었다. 하지만 계속 예상이 맞아들어 가는데도, 줄기차게 냉대 받고 무시당한 이승만의 이력은 이번에도 또 한번 반복되었다.

1942년 1월 2일, 이승만은 국무부를 방문하여 임시 정부의 승인을 요청했다. 소련은 오래전부터 한반도의 부동항(不凍港)을 얻으려고 노력해왔기 때문에 미국이 먼저 손을 써서 대한민국 임시 정부를 소련에 앞서 승인해 주어야 한다고 강조했다. 그러지 않으면 일본이 패망한 뒤 소련이 반드시 끼어들어 한반도를 강점할 것이라고 경고했다.

하지만 국무부의 실무 책임자 앨저 히스(Alger Hiss)는 임시 정부 승인을 거절했다. 한국의 독립을 승인하면 동북아시아에 커다란 이해관계를 가지고 있는 소련을 자극하게 된다는 것이 이유였다. 소련에 대한 이승만의 지적을 듣고 나서 그는 오히려 화를 냈다. 불쾌한 표정으로 미국의 동맹국인 소련을 비난하는 것은 용서할 수 없다고 말했다.

히스를 만난 후, 이승만은 막강한 영향력을 지닌 미국 관료가 잘못된 판단을 내리고 있다고 생각했다. 공산주의자들의 영향력이 국무부 심장부에까지 침투했다는 것을 확신할 수 있었다.

앨저 히스는 계속해서 소련을 지지하는 입장을 보였다. 히스의 정체가 만천하에 드러난 것은 1995년이다. 1942년에서 1945년까지 미국에서 소련으로 발송된 전문을 해독한 베로나(Verona) 프로젝트 결과, Ales라는 암호를 사용한 스파이가 소련에 보낸 보고 파일이 발견되었다. Ales의 움직임을 추적해 보니, 얄타 회담 이후 소련을 방문한 것이 확인되었다. 그 간첩의 알리바이는 앨저 히스의 동선(動線)과 일치했다.[76]

그는 얄타 회담 당시 각종 기밀을 소련 측에 넘겨준 스파이였다. 한국의 운명을 좌우하는 미국의 고위직에 소련 간첩이 침투해 있었던 것이다. 그가 이승만을 비난한 것은 당연했다.

앨저 히스의 사례는 아직도 이데올로기로 분단된 한국에게 귀담아들어야 할 충고를 준다. 세계 최강의 강대국 정부의 한복판에 공산주의 스파이가 침투해 있었다. 소련이 멸망하면서 공개된 각종 문서에는 소련의 스파이 활동이 얼마나 뛰어났는지를 보여주는 케이스로 가득하다. 미국에서 원자 폭탄이 발명되었을 때, 소련은 이미 정보를 입수하고 있었다는 것도 그 한 예이다.

동독과 서독에서도 마찬가지이다. 동독 멸망 후 밝혀진 바에 따르면, 5만 명 정도의 스파이가 서독에서 활약하고 있었다. 빌리 브란트는 독일은 물론 세계의 존경을 받았던 인물이다. 동독과의 교류를 추진한 동방 정책의 창시자였다. 독일 수상으로서 유태인 학살 무덤에서 비를 맞으며 무릎을 꿇으며 속죄했던 사진은 세계적으로 유명해 졌다.

바로 그 빌리 브란트가 총리에서 물러난 이유가 그의 보좌관 귄터 기욤이 간첩이었기 때문이었다. 동독의 스파이가 권력의 가장 깊숙한 곳까지 들어갔다. 자연스럽게 국가 최고 권력자의 정치적, 개인적 비밀을 손에 넣었다. 그것은 독일 국민들에게 커다란 충격이었다.[77]

공산주의자들과의 싸움에서 패망하여 300만이 학살당하고 100만이 보트 피플이 되어버린 베트남의 경우도 예외가 아니다. 티우 대통령의 비서실장이 간첩이었으며 야당지도자 쭝딘쭈와 가장 모범적인 도지사로 명망이 높던 녹타오를 비롯한 많은 핵심인사들이 국가 권력 기관에 침투한 거물급 간첩들이었다.

그들이 내세운 구호는 한결같이 "평화"였고 "공존"이었다. 오랜 전쟁에 지쳐있던 국민들은 스파이들이 배후에서 조종한 평화 무드에 도취되어 버렸다. 자연히 안보 의식은 뒷전이 되었다. 이에 위기를 느끼고 자유 베트남을 지키자고 호소하는 애국 세력들은 전쟁광, 수구, 반동, 정신병자 취급을 받아야 했다.

공산주의와 대결했던 미국, 독일, 베트남에서 스파이들의 활약은 이처럼 대단했다. 그렇다면, 대한민국만은 예외일까? 동독이나 소련이나 북베트남에 비하면 북한은 너무나 신사적이어서 스파이짓 같은 것은 절대로 안 할까? 상식적으로 말이 안 되는 소리이다.

주체 사상의 창시자로 권력 핵심부에 있었던 황장엽(黃長燁) 선생은 남한에 5만명의 간첩이 있다고 증언했다. 심지어 집권 여당의 회의 기록까지도 김정일에게 보고되고 있다고 증언했다. 간첩이 활개를 쳐도 잡지 않는 희한한 나라가 된 것은, 간첩들을 비호하는 종북 세력이 있기 때문이다.

그런데도 이 나라에서 버젓이 요즘 세상에 종북(從北)이 어디 있느냐, 있지도 않은 북한의 위협을 과장한다는 소리가 들린다. 사실은 종북이라는 말 자체가 과거 민주 노동당에 가입했다가 탈퇴한 좌파들이 만든 말이다. 우파가 아닌 좌파가 종북의 실체를 인정했는데도, 그걸 우파의 억지라고 우기는 것은 지성(知性)을 포기하는 행태이다.

그런 행태들이 모여서, 이제는 종북이 국회를 장악하고 정권을 차지하는 것을 염려해야 하는 지경에까지 이르렀다. 역사를 통해서 제대로 배우지 못하면, 그 역사를 반복하게 된다.

이승만은 앨저 히스에게 거절당한 이후에도 계속해서 임시 정부 승인을 요구했다. 1942년 12월 7일 일본의 진주만 침공 1년을 맞이하여 코델 헐 국무 장관에게 다음과 같은 내용이 담긴 편지를 보냈다. "미국이 한국 임시 정부를 승인하지 않으면 한반도에 공산정권이 수립되는 불가피한 결과가 초래될 것이다."

날짜를 확인해 보면, 1942년 12월 7일은 운명적인 날이었다. 이승만이 한반도의 공산화를 우려하는 편지를 미국 국무장관에게 보낸 바로 그날, 상해에서는 우리의 임시 정부 내각에 공산주의자들이 참여했다. 미국도 우리 정부도 공산주의의 위험성을 모르던 상황이었다.

1942년 12월 7일은 예언적인 날이었다. 그날 이후 이승만이 치러야했던 힘겨운 희생을 예고하고 있었다. 그것은 적과 싸우는 것보다도 더 고통스러웠다. 한국을 도울 수 있는 유일한 강대국이었던 미국과, 평생을 함께 투쟁해 온 임시 정부의 독립 운동가들을 상대로 한 싸움이었기 때문이다. "좌우합작론"과의 대결은 이승만에게 주어진 숙명이었다.

미국은 해방이 되는 그날까지 우리의 임시 정부 승인을 거부했다. 거기에는 복합적인 이유가 있었다. 첫째는 영국을 비롯한 우방과의 관계 때문이다. 미국의 주요 동맹국인 영국이 인도를 포함한 여러 나라에 식민지를 가지고 있었다.

따라서 한국의 임시 정부를 승인하면 아시아의 다른 나라에도 영향을 끼칠 수 있었다. 미국이 특별한 이해관계도 없는 한국을 위해서 동맹국들의 심기를 불편하게 할 이유는 없었다.

둘째는 다른 망명 정부들을 고려해야 하는 문제 때문이다. 미국에게 임정 승인의 문제는 한국에 대한 문제인 동시에 국제적인 문제였다. 당시 미국이 관여하고 있는 유럽의 망명 정부는 무려 8개 였다. 그중에서 어느 곳은 승인하고 어느 곳은 승인하지 않으면 거센 반발을 받아야 했다.

따라서 미국은 모든 망명 정권에 통용되는 일반 원칙을 세웠다. 그것은 국가와 정부의 건설에 앞서서 국민 투표가 있어야 한다는 루즈벨트의 원칙이었다. 망명 정부가 아무리 많은 사람들의 지지를 받고 있더라도 국민 투표가 있기 전에는 연합국이 이를 승인해서는 안 된다고 보았다. 1941년 7월 14일 루즈벨트는 처칠에게 편지를 보냈다. "영토나, 인구나 경제에 대한 어떠한 약속도 평화 회의가 있기 전까지는 하지 마시오."

망명 정부들의 입장에서는 야속할 수도 있다. 하지만 세계정세를 관리해 나가야하는 강대국의 입장에서 보면 이해할 수도 있는 조치였다.

셋째는 미국의 정세 판단 및 소련과의 관계 때문이다. 전쟁의 피해를 최소화하기 위해서 미국은 일본과의 싸움에 소련을 끌어들이기를 절실히 원했다. 그리고 소련이 참전의 대가로 영토를 확장하는 것을 피할 수 없는 일로 간주했다.

따라서 당시 미국 정부는 일본이 패배한 뒤에 소련이 한반도를 장악하는 것 역시 불가피한 일로 보고 있었다. 전쟁이 끝난 뒤 소련이 동북아

대륙에서 지배적 위치를 차지하게 되는 것은 분명했다. 미국 육군성 장성들은 소련의 지배적 지위를 전제하고, 그 다음에 그들이 그 지역을 자기 마음대로 할 것인가, 아닌가를 논의했다.

아시아에 정통한 맥아더 역시 같은 생각을 전제하고 있었다. 그는 미국이 일본 본토를 공격하기 전에 소련도 북쪽에서 일본을 협공해야 한다고 주장했다. 어차피 소련이 만주와 한국을 장악할 것이니, 영토를 위한 대가라도 지불해야 한다는 논리였다. 국무부 극동 국장 혼벡도 소련이 만주, 몽고, 한반도를 점령하는 것은 불가피하다고 생각하고 있었다.[78]

바로 이점을 희대의 경륜가였던 이승만이 꿰뚫어 보고 있었다. 미국이 자기네들의 전쟁 편의를 위해서 한국을 별 생각 없이 소련에게 넘겨주는 것은 아닌지, 혹시 한국도 모르는 사이에 이미 미국과 소련 사이에 협상이 오간 것은 아닌지, 이승만은 극도로 불안해하며 염려했다. 그의 조국이 강대국 사이의 흥정의 대상이 되는 것을 참을 수 없었다.

이승만의 불안과 염려는 공격적인 행동으로 표출되었다. 끊임없이 따지고 항의하는 여러 가지 행동에 미국은 고개를 절레절레 흔들었다. 그것은 시작에 불과했다. 그 후로도 계속해서 이승만은 미국을 귀찮게 했고 괴롭게 했고 협박까지 서슴지 않았다.

우리 역사상 타의 추종을 불허할 만큼, 가장 많은 미국의 고위 관료들을 괴롭힌 인물이 이승만이다. 그런 그가 미국의 앞잡이로 매도되었으니, 어이없을 만큼 지나친 왜곡이다.

카이로 선언, 독립에 대한 미심쩍은 약속

이승만은 한시도 쉬지 않고 활동했다. 미국 지도자들에게 한국 독립의 당위성을 전파했다. 그 결과는 한국의 독립을 약속한 카이로 선언으로 나타났다.

1943년에 발표된 카이로 선언의 한국 관련 내용은 아래와 같다.

"루즈벨트 대통령, 장제스 대원수, 처칠 수상은 각자의 군사, 외교 고문과 함께 북아프리카에서 회의를 마치고 아래의 일반적 성명을 발표한다.

각 군사 사절은 일본국에 대한 장래의 군사 행동을 협정하였다... 연합국의 목적은, 일본국으로부터 1914년 제1차 세계대전의 개시 이후에 일본국이 탈취 또는 점령한 태평양에 있어서의 일부 도서를 일본국으로부터 박탈할 것과, 아울러 만주, 대만, 팽호도 등 일본국이 청국으로부터 도취한 일체의 지역을 중화민국에 반환함에 있다. 일본국은 또한 폭력 및 탐욕에 의하여 일본국이 약취한 일체의 다른 지역으로부터도 구축될 것이다.

3대국은 조선 인민의 노예 상태에 유의하여 적절한 과정을 거쳐서 조선이 자유로운 독립적으로 될 것을 결정한다..."

카이로 선언은 열강들이 한국의 독립을 약속했다는 점에 중요한 의의가 있다. 소식을 들은 한국인들은 누구나 열광했다. 하지만 이 선언에는 위험한 함정이 있었다. 우리 민족의 일반 대중은 물론이고 독립 운동 지도자들도 함정이 있음을 알아차리지 못했다. 단지 한국의 독립이 약속된 사실만을 반겼다. 카이로 선언에 대한 한국인들의 무지(無知)는 해방 직후까지 계속되었다.

오직 한 사람, 이승만이 함정을 알아보았다. 사실 그는 카이로 선언을 이끌어낸 일등 공로자였다. 이병주(李炳注)는 이 선언에 한국의 독립에 관한 조항이 삽입되게 한 결정적인 역할을 이승만이 했다고 주장하며, 미국에 소장된 문서들을 증거로 언급한다.[79]

이승만은 자신의 노력으로 카이로 선언이 발표되었다는 사실에 도취된 것이 아니라, 오히려 의심을 했다. 선언 속에 들어있는 '적절한 과정을 거쳐서'라는 어구가 독립의 무한정 지연을 의미할 수 있다는 의심을 가졌다. 그래서 이승만은 카이로 선언의 한국 관련 내용이 '즉시 독립'이 아니라 '적절한 과정을 거쳐서 독립'으로 되어 있는 점에 대한 비난 성명을 발표했다.

'적절한 과정을 거쳐서'라는 어구가 의도하는 바가 무엇인가를 명확하게 밝혀줄 것을 요구하는 서한을 미 국무부와 루즈벨트 대통령에게 보냈다. 하지만 미 국무부나 루즈벨트 대통령은 이승만의 서한을 묵살했다.[80]

이승만은 줄기차게 움직였다. 그의 노력에 서서히 호응하는 미국의 지도자들도 나타났다. 루즈벨트와 미국에 막강한 영향력을 가졌던 전직 고위 관료 섬너 웰즈(Sumner Wells)는 여러 신문에 실리는 신디케이트 논평에서 "한국의 국권이 회복되면 20세기의 가장 큰 죄악 중 하나가 시정되고, 태평양에 구축될 새로운 국제 체제에 안정 요소가 하나 더 추가될 것이다"라고 주장했다. 그것은 오랫동안 이승만이 주장한 발언을 적절히 요약한 것이었다.

루즈벨트 대통령의 영부인 엘레노어 루즈벨트는 이승만을 직접 만났다. 이승만의 편지를 남편에게 전해주기도 했다. 1945년 3월 12일, 신디케이트 칼럼에 그녀는 이승만을 만난 소감을 썼다. "나는 이전에 이승만 박사를 만난 적이 없었다. 내가 만난 그의 얼굴은 숭고한 정신으로 빛나고, 그의 온화한 표정에서는 그의 동포들이 오랜 세월 발휘해 왔을 인내심을 역력히 읽을 수가 있었다."

1945년 이승만은 〈한국사정〉이라는 팜플렛을 발행하여, 임시정부를 승인하지 않는 미국을 공격했다. "소련을 아시아 전쟁에 끌어들이려는 일부의 절박한 심정 때문에 한국과 관련된 소련의 요구가 명확해질 때까지 한국 임시 정부의 승인이 유보되어 온 것으로 생각된다.

사실이 그렇다면 그것은 약소국의 독립을 희생시켜 강대국의 지원을 획득하려는 어리석은 정책이거나, 강력한 우방을 만족시킬 수 있다는 확신이 들 때까지는 어떤 외교 정책도 추진하지 못하는 소심함을 드러내는 행위이다. 어떠한 경우이든 정당성을 인정받을 수 없다."

이승만은 계속해서 미국 고위 관료들의 심기를 건드리고 있었다. 어리석거나 소심하거나 음모를 감추고 있다는 평가를 약소국 망명 정부의 인물로부터 끈질기게 들어야하는 강대국 관료들의 심경이 오죽 불편했겠는가.

역사적인 순간은 단칼에 내리치듯이 찾아온다. 온갖 사연으로 복잡하고 헝클어진 실타래를 단칼로 끊어버리는 것과 같다. 한반도를 둘러싼 정세는 이리저리 얽혀 있었다. 불확실한 상황에서 확실한 태도를 유보하는 미국, 기회를 엿보는 소련, 겉으로는 합작이지만 속으로는 여전히 내전 중이었던 중국, 끝까지 저항하면서도 항복의 목소리가 커져가는 일본 등, 강력한 세력들이 여러가지 변수를 놓고 고민하면서 동시에 다양한 변수를 만들어내고 있었다.

이승만 역시 복잡한 심경이었다. 희망과 기대와 동시에 불안과 갈등 속에서 동분서주했다. 그때, 갑자기 광복이 찾아왔다. 미국 시간으로 1945년 8월 14일 밤 11시, 일본의 항복 소식이 라디오 임시 뉴스에서 흘러나왔다. 그 순간 이승만의 곁에 있던 프란체스카 여사의 회고이다.

"그분은 임시 뉴스를 듣다말고 벌떡 일어나셨어요. 이봐, 일본이 항복했어, 우린 귀국하는 거야.' 그분은 제 손목을 꽉 붙잡고 말을 잇지 못했습니다. 그분으로서는 너무 오랜 기다림이었지요. 그저 눈물을 글썽이면서 제 손만 꽉 잡고 계셨습니다."

어렵고 외로운 길목의 노래

이승만의 한시를 번역한 이수웅은 이렇게 말했다. "긴 생애 동안 순조롭지 못한 삶의 신산(辛酸)한 경험들이 곧 시의 소재가 되었다... 그의 시는 대부분 어렵고 외로운 길목에서 쓰여진 것들이지만, 아름다우면도 사(史)적 가치를 지니고 있다."[81]

이수웅의 논평에 꼭 들어맞는 시가 있다. 1920년 이승만은 상해 임시 정부로 가는 배에 올랐다. 하지만 서류로 작성된 승객 명단에는 이승만과 그의 비서 임병직의 이름이 없었다. 그들은 밀항자들이었던 것이다. 이승만의 평생 친구였던 보스윅의 주선으로, 하와이에서 상해로 가는 배에 몰래 올랐다.

문제는 귀중한 도움을 베풀었던 친구의 직업이 장의사라는 점이었다.

그 배는 중국인들의 시신(屍身)을 본국으로 보내는 화물선이었다. 이승만이 숨은 곳은 시신을 담은 관들의 틈이었다. 시체 썩는 냄새가 진동하는 곳에서 하룻밤을 보낸 다음에 이승만은 갑판으로 올라올 수 있었다.

생각해 보면 이승만과 시체와의 인연은 꽤 길다. 한성 감옥에서 콜레라로 죽어가는 시신들의 틈에 섞여 지냈다. 하와이에서는 그의 품에 안겨 죽어간 수많은 교포들이 있었다. 그리고 명색이 임시 정부의 대통령인데, 그의 동행은 "황천객"들을 실은 관들이었다. 죽은 자의 틈을 넘나들어야 하는 산 자의 길, 참으로 고생스러운 독립투사의 삶이었다.

이승만은 그때의 경험을 시로 읊었다. 황천객과 함께 가는, 긴 밤의 노래였다.

민국 2년 동짓달 열 엿셋날
하와이서 남몰래 배를 탔다네
겹겹의 판자문에 화로불은 따뜻하니
사면이 철벽이라 칠흑같이 어두웠네
내일 아침이면 산천도 아득하리니
이 밤엔 세월도 어찌 길다냐
태평양 바다 위를 둥실 떠가니
이 안에 황천객을 누가 알리요

제 **5** 장

건국의 길, 그 지난(至難)한 여정

우리나라政府樹立国民祝賀式

▲ 1948. 7. 24 대한민국 초대 대통령 취임식에서
건국이념을 연설하는 이승만 대통령

건국의 길, 그 지난(至難)한 여정

소련의 북한 점령과 38선

역사에는 가정이 없다. 하지만 우리의 38선을 생각하면, 나도 모르게 여러 가지 가정이 꼬리에 꼬리를 물고 생겨난다. 만약에 이랬다면, 만약에 저랬다면, 하면서 원통한 마음을 금할 길이 없다. 결국에는 우리 탓이지, 누구를 탓하겠는가마는, 그래도 일본에게 특히 천황에게 억한 감정이 있다.

이승만은 그의 명저 『Japan Inside Out』을 일본의 천황제로부터 시작했다. 천황을 유일신으로 받드는 잘못된 종교가 비정상적인 애국심으로 발전하여 전쟁을 일으킬 수밖에 없다고 지적했다. 바로 그 천황이 문제였다. 신사 참배를 강요해서 수많은 그리스도인들을 괴롭혔던 천황제가 민족 분단의 기초가 되는 38선에도 영향을 끼쳤다.

1945년 8월 6일 히로시마에 원자폭탄이 떨어졌다. 사망자는 7만 명 정도였다. 일본의 지도층 내부에서는 민족이 멸절되기 전에 전쟁을 끝내야 한다는 논의가 진행되었다. 그전부터 제기되었던 항복하자는 주장이 거세졌다.

그 무렵 소련은 일본을 공격할 시간을 계산하고 있었다. 최대한 참전 시간을 늦추는 것이 기본 전략이었다. 일본의 힘이 다 빠진 다음에 쳐들어 가서 희생을 최소화하고 이익을 극대화하고자 했다.

본래 소련군은 8월 11일에 전쟁을 시작하려고 계획하고 있었다. 하지만 생각보다 종전(終戰)이 앞당겨질 수 있다는 판단에 8월 9일에 공격을 시작했다. 바로 그날, 나가사끼에 또 한 번 원자폭탄이 투하되었다. 더 이상 버틸 수 없게 된 일본은 항복을 결정하고 미국에 통보했다.

일본이 항복을 통보한 그날에 곧바로 항복이 선포되었다면, 우리의 역사는 분명히 달라졌을 것이다. 소련이 한반도에 도달하기 전에 전쟁이 끝나버렸다면, 분단의 비극은 일어나지 않았을 지도 모른다. 그런데 항복을 통보하고 나서 항복이 선포되기까지 시간이 걸렸다. 이때 시간을 끈 문제가 천황제였다. 천황제에 대한 미국과 일본의 의견이 달랐다.

일본 천황 히로히토는 어떻게 하든지 자신의 권위를 최대한 유지하려고 했다. 미국 내에서는 천황은 전쟁 범죄자이므로 사형(死刑)시켜야 한다는 여론이 많았다. 하지만 지일파(知日派)들은 천황을 제거하면 일본을 점령한 뒤에 통치하기가 곤란하다고 주장했다. 이처럼 천황 한 사람을 어떻게 처리하느냐의 문제 때문에 미국과 일본의 협상에 시간이 걸렸다.

결국 미국의 정책은 일본인들의 마음을 얻기 위해서 천황제를 유지해야 한다는 쪽으로 결정되었다.

천황제를 놓고 미국과 일본이 줄다리기 하던 시간은, 분단의 비극이 잉태된 시간이었다. 그 사이에 소련은 만주로 쳐내려왔고 한반도 북부까지 진군(進軍)했다. 그대로 내버려두면 소련이 한반도 전체를 장악할 수도 있는 상황이었다. 다급해진 미국이 한반도를 둘로 나누어 미국과 소련이 일본군의 무장 해제를 진행하자고 제의했다. 그 업무 분담선이 북위 38도선이었다.

만약 소련이 예정대로 8월 11일에 참전했다면, 만약 일본이 8월 9일에 항복을 통보한 즉시 종전(終戰)이 발표되었다면, 우리 역사는 얼마든지 달라질 수 있었다. 소련이 아예 한반도에 발을 붙이지도 못했을 가능성도 있었다.

하지만 얄궂게도 소련은 예정보다 일찍 쳐내려왔고, 일본은 예상보다 길게 시간을 끌었다. 소련은 늦추어지고 일본이 앞당기는 편이 우리에게 절대적으로 유리한데, 정반대가 되어버렸다. 역사에서 타이밍이 이렇게 중요하다.

일본이 항복을 통보하고 발표하기까지의 시간은 불과 일주일이다. 사실 길다고만 볼 수는 없는 시간이다. 하지만 수십 년의 비극적인 세월을 잉태한 일주일이었다. 한낱 우상 숭배에 불과한 천황제를 놓고 미국과 일본이 씨름하는 사이에 국토 분단의 씨앗이 뿌려졌다. 우리로서는 두고두고 아쉽고 분한 마음이다.

북한을 점령한 소련의 붉은 군대는 다음과 같은 성명서를 발표했다.

"붉은 군대와 연합 군대들은 조선에서 일본 약탈자들을 구축하였다. 조선은 자유국이 되었다. 그러나 이것은 오직 신조선 역사의 첫 페이지가 될 뿐이다...

왜놈들이 고대광실에서 호의호식하며 조선 사람들을 멸시하며 조선의 풍속과 문화를 모욕한 것을 당신들이 잘 안다. 이러한 노예적 과거는 다시 돌아오지 않을 것이다...

조선 사람들이여 기억하라! 행복은 당신들의 수중에 있다. 당신들은 자유와 독립을 찾았다. 이제는 모든 것이 죄다 당신들에게 달렸다... 붉은 군대는 조선 인민이 자유롭게 창작한 노력에 착수할 만한 모든 조건을 지어주었다... 해방된 조선 인민 만세!"

이 성명서를 사실로 간주하여 소련이 점령군이 아니라 해방군이라고 가르치는 한심스런 책들도 있고 교사들도 있다. 해방 이후 소련과 북한의 행적을 추적함에 있어 기본 전제가 있다. 공산주의자들은 말과 행동이 다르다는 것이다. 목적을 위해서는 수단과 방법을 가리지 않는 공산주의의 방법론으로 볼 때, 성명서니 선언이니 하는 것은 그네들의 목적을 위해서 얼마든지 바뀔 수도 있는 수단에 불과했다.

그 당시의 소련은 혁명과 숙청, 세계 대전으로 말미암아 피폐할 대로 피폐해진 형편이었다. 소련군의 식량 보급 조차도 어려웠다. 따라서 붉은 군대의 유지와 전후 복구를 위해서는 약탈이 필요했다. 소련은 세계 대전을 통해 획득한 모든 점령지에서 전쟁 배상금의 명목으로 약탈을 일삼았다. 북한도 예외는 아니었다.

그네들의 성명서에는 "붉은 군대 사령부는 조선의 모든 기업소의 재산 보호를 담보하여..." 라고 되어 있다. 말은 재산 보호였고 행동은 강탈이었다. 일본인 소유의 재산을 전쟁 배상금의 명목으로 거두어갔다. 풍작이었던 1945년의 양곡을 거두어들였다.

세계적인 규모였던 압록강 수풍 발전소의 독일제 발전기 5대, 흥남 비료 공장의 일부 시설, 대유동 광산의 금석, 철산 광산의 모나즈 광석도 소련으로 실어 날랐다.[82] 심지어 38선 경계를 위해서 세워놓은 초소 비슷한 목제 보호막까지 거두어갔다.

미국과 소련의 합의는 38도선을 경계로 서로의 역할을 분담한 것이었다. 하지만 소련은 슬쩍 38선을 넘어 개성까지 점령했다. 미군이 상륙하자, 개성에서 철수하면서 다량의 인삼과 은행에 보관된 현금을 모두 가져갔다. 해방군이 아니라 은행털이었고 강도였다.

소련군은 곧장 38선 이남과 이북 간의 인적 왕래, 물적 교류, 통신을 모두 차단했다. 8월 24일과 25일 남북 간 연결 철도(경원선과 경의선)를 차단했고, 38선 지역에 경비부대를 배치하여 남북 간 도로통행을 통제했다. 9월 6일에는 38선 이남 지역과의 전화, 전보 통신을 차단하고 우편물의 교환을 금지했다.

소련군은 38선 경계 초소를 지키는 병력을 증강하여 38선을 넘는 남북한 간의 통행 통제를 강화했다. 12월 중순에 이르면 38선은 마치 적대국간의 국경선처럼 되었다.[83] 업무 분담선이었던 38선을 민족 분단선으로 만든 자들이 소련군이었다.

미군의 남한 진주(進駐)와 하지

38선 이남으로 진주한 미군의 상황에 대해서, 칼 버거 기자의 논평이 적절하다. "안타깝게도 한국은 미국 정부의 구체적이고 자세한 준비 없이 태평양 지구의 미군에 의하여 점령된 유일한 주요 지역이다."

구체적이고 자세한 준비도 없이 남한을 떠맡은 미국 책임자는 하지

(John Reed Hodge) 장군이었다. 그는 태평양 전쟁 동안 17번의 전투에서 앞장섰다. 부하들과 위험과 고난을 함께한 용장(勇壯)이었다. 투철한 군인 정신을 발휘함으로써, 태평양의 패튼(Patton of the Pacific), 군인 중의 군인(Soldier's Soldier)으로 평가받았다. 하지만 솔직하고 용감한 군인이 복잡하게 얽힌 정치 상황을 풀어간다는 것은 처음부터 무리였다.

그가 지휘했던 오키나와 주둔 24군단이 남한 접수의 주력 부대로 선정된 것은 오로지 지리적인 접근성 때문이었다. 하지에게 전달된 명령은 "최대한 빨리" 부대를 이동하라는 것이 전부였다. 본국 정부나 도쿄의 맥아더 사령부로부터 아무런 세부적 지침이 없는 상태에서 하지는 많은 정책들을 스스로, 즉흥적으로 입안해야 했다.

훗날 하지는 한국에서의 경험을 다음과 같이 회고했다. "미군정의 최고 책임자로서의 직책은 내가 지금까지 맡았던 직책들 가운데 최악의 직무였다. 만약 내가 정부의 명령을 받지 않는 민간인의 신분이었다면, 1년에 백만 달러를 준다 해도 나는 그 직책을 결코 수락하지 않았을 것이다."

최악의 직무는 그의 포고령에서부터 시작되었다. 그것은 실수의 시작이었다.

"조선 인민 제군이여, · · · 여(余)는 오늘 남조선 지역에 있는 일본군의 항복을 받았다... 여의 지휘 하에 있는 제군은 연합군 총사령관의 명령에 의하여 장차 발할 여의 명령을 엄숙히 지켜라.

제군은 평화를 유지하며 정직한 행동을 하여라... 만약, 명령을 아니 지킨다던지 또는 혼란 상태를 일으킨다면 즉시 적당하다고 생각하는 수단을 취하겠노라. 이미 확정된 항복 조건을 이행함에는 여는 시초에 있어서는 현 행정기구를 사용할 필요가 있노라."

소련 군정의 성명서와 미군정의 성명서를 비교해보면, 확연한 차이가 드러난다. 소련군은 자유와 행복, 보호를 약속했지만 미군은 명령을 지키지 않으면 벌을 준다는 고압적인 자세뿐이다. 소련은 일제를 배척하겠다고 말했지만 미국은 현재의 행정 기구를 그대로 사용하겠다고 선포했다.

하지와 미군정이 얼마나 한국 상황에 무지했고 정치적인 감각이 무디었는지를 그대로 보여준다. 일각에서는 미군과 소련군의 성명서를 그대로 비교하면서, 미군은 점령군이고 소련군은 해방군이라고 주장하기도 한다. 성명서에 쓰여진 말과 실제로 벌어진 현실을 구분 못하는 어리석은 행동이지만, 미군이 그 빌미를 제공한 측면도 분명히 있다.

그렇다고 모든 책임을 하지에게 덮어씌우는 것은 불공평하다. 그는 본인이 준비한 적도 없고 계획한 바도 없는 엉뚱한 임무를 맡아서 나름대로 열심히 했을 뿐이다. 문제는 한국에 대한 미국의 입장이었다. 트루먼 행정부의 고위 정책 수립가들에게 한국 문제는 여전히 뒷전으로 밀려 마치 의붓자식처럼 취급되었다.[84]

한국에 대한 미국의 무관심은 여러 면에서 확인된다. 2차 대전 중 적어도 7천명의 미군 병사가 집중적인 일본어 과정을 수료했다. 이와는 대조적으로 최초에 한국에 들어왔던 미군 장교 가운데 한국어를 할 줄 아는 사람은 한명도 없었다. 한국말 하는 사람 하나도 없는 미군정이 우리 민족의 생사여탈권(生死與奪權)을 쥐고 있었던 것이다. 이처럼 어처구니없고 황당한 일을 당해야 하는 것이 약소국의 운명이다.

남한은 "미군 보급품의 종착점"이라고 불렸다. 로버트 올리버는 다음과 같이 설명했다.

"이곳 군정 당국자들 전체를 통하여 들리는 말은 '한국은 우선순위 계통의 맨 끝에 붙어있다'는 것이다. 인원 배치, 보급품, 정책 조정 등 모든 면에서 얻을 수 있는 것은 무엇이든 일본인이나 군정 당국자들을 위해 일단 도쿄에서 알맹이를 빼고 겨우 남은 찌꺼기나 다른 데서 필요치 않은 것이 한국까지 온다."[85]

일본 주둔 미군에 대한 최악의 징계는 한국 파견이었다. 상관들은 부하들이 마음에 들지 않으면 이런 말로 위협했다. "근무가 불량하면 한국에 보내버리겠다!"

이처럼 미국에게 한국은 한일합방 때나 해방 때나 별로 중요하지 않은 지역이었다. 우리 입장에서 보면 화가 나지만, 그네들의 시각에서 보면 이해할 만도 하다. 특별한 이해관계가 걸려있는 것도 아니고 한국에서 이득을 취하는 것도 없었다. 세계에서 제일 가난하고 비참한 나라 중의 하나에 관심을 가질 이유도 없었다.

그네들에게, 한국이 대단히 중요한 지역임을 설득해서 마침내 한국을 돕고 한국을 위해 싸우게 만드는 일은, 거의 실현 가능성이 없는 과제였다. 그렇게 힘들고도 중요한 일은 이승만 아니고는 감당할 인물이 없었다.

이승만의 환국(還國), 그 우여곡절

당시 미국에서 한국까지는 배로 한 달 정도 걸렸다. 이승만은 비행기를 타고 돌아왔다. 하지만 그가 귀국한 것은 해방되고 두 달 만이었다. 비행기를 탔는데도. 배타고 오는 것보다 두 배나 시간이 걸렸다. 이승만의 망명 생활이 파란만장했다면, 그의 귀국과정에는 우여곡절이 많았다.

이승만을 골치 아프게 생각한 미국 국무부가 여권 발급을 거부했다. 그들은 이런 저런 이유를 붙여가며 이승만의 귀국을 막으려고 했다. 사실 그네들의 예상은 맞았다. 귀국한 이승만이 계속해서 미국 관료들을 괴롭혔기 때문이다.

귀국 자체가 불가능할지도 모른다는 낙심에 빠져있을 때, 갑자기 모든 문제가 한 번에 해결되면서 이승만은 귀국길에 올랐다. 어떻게 가능했을까? 이승만의 귀국에는 두 가지 우연이 겹쳤다. 하나는 하지와 윌리엄즈 중령의 만남이다.

1945년 9월 8일, 인천에 상륙한 하지는 한국에서 태어나 한국어를 구사하는 윌리엄즈 해군 중령을 우연히 발견했다. 한국에 대한 지식이 전무(全無)했던 그는 반가워하며 그 자리에서 윌리엄즈를 자신의 특별보좌관으로 임명했다.

윌리엄즈는 서울의 중앙청에서 하지의 업무를 보좌했다. 그는 참 괜찮은 사람이었다. 책상에서 보고서나 만지작거린 것이 아니라, 직접 한국인들을 만나 민심(民心)을 파악하려고 했다. 쌍발 비행기를 타고 대전, 광주, 대구, 부산 등 남한 일대를 돌아다녔다. 그는 가는 곳마다 한국의 서민들을 상대로 대화를 나누었다.

그 과정에서 윌리엄즈는 한국인들에게 거듭거듭 똑같은 질문을 받아야 했다. "왜 우리 대통령 이승만 박사를 빨리 데려오지 않는가? 이승만 박사가 미국에 있다고 하는데 왜 데려오지 않는가?"라는 물음이었다. 윌리엄즈는 자신이 전해들은 민심을 하지에게 보고했다.

하지는 혼돈 상태의 정국을 수습하기 위해 이승만을 보내줄 것을 맥아더와 미국 정부에 요청했다.

여기에서 한 가지 질문을 던져볼 수 있다. 이승만이 임시 정부의 대통령으로 유명했다고는 하지만, 한국을 떠난 지 삼십여 년이 지난 후였다. 더군다나 나이 칠십 세의 고령이었다. 평균 연령이 사십여 세 전후였던 당시 상황에서 보면, 이승만의 활약상을 기억하고 있는 이들은 얼마 되지 않았을 것이다.

물론 지도자들은 이승만을 잘 알고 있었다. 하지만 이름 없는 한국인들도 이승만의 이름을 말하고 있었다는 점은 무언가 특이하다. 어떻게 윌리엄즈가 가는 곳마다 한국인들이 이승만을 보내라고 요청했을까? 여기에 또 하나의 우연이 있다. 그 우연을 만들어낸 세력은 놀랍게도 공산주의자들이었다.

8.15 해방에서 이승만이 귀국하는 10월 16일까지를 학계(學界)에서는 '좌익 득세기'라고 부른다. 해방 공간을 주도한 세력이 좌파였기 때문이다. 해방과 함께 온건 좌파 여운형이 주도한 조건 건국 준비위원회(건준)가 발족되었다.

다음날에는 전국 각지의 교도소에서 수천 명의 정치범들이 석방되었다. 풀려난 시국 사범들은 건준의 지방 조직을 차례로 건설해나갔다. 순식간에 건준은 162개의 지부로 확장되었다.

건준이 세력 확장에 박차를 가하던 8월 20일, 광주의 벽돌 공장에 숨어 있던 인물이 서울로 올라왔다. 훗날 한반도에 파란을 몰고 온 공산주의자 박헌영(朴憲永)이었다. 일제 치하에서 박헌영은 공산당 활동을 하다가 투옥되었다. 모진 고문을 받고 풀려났는데, 석방 사유가 특이하다. 공산당에서 전향을 했거나 혐의가 없어서가 아니고 정신병자라는 이유였다.

박헌영은 몇 달씩이나 자신의 인분(人糞)을 먹어가며 정신병자 행세를 했다. 혁명 과업을 위해서 인분을, 그것도 몇 달씩이나 먹어낼 만큼 대단한 인물이었다. 박헌영은 서울에서 조선 공산당 재건 위원회를 결성했다. 그리고 여운형의 건준에 참가해서 조직을 장악해버린다.

좌우 연합조직에 한 파트너로 참가했다가 결국 조직 전체를 차지하는 전형적인 공산당의 수법을 발휘한 것이다. 박헌영이 장악한 건준은 9월 6일 조선인민공화국(인공)을 선포했다. 흥미로운 사실은 공산당이 선포한 인민공화국의 주석으로 미국에서 돌아오지도 않은, 돌아오는 것 자체가 불투명한 이승만이 추대되었다는 점이다.

그것은 이승만을 얼굴 마담으로 이용하려는 공산당의 전술이었다. 이승만과 마찬가지로 그때까지 귀국하지 않았던 김구를 내무부 장관으로 발표한 것도 같은 술책이었다. 공산주의자들은 장관에는 국내외의 명망가들을 앞세우고 차관에는 공산주의자들을 포진시켰다.

그럴듯하게 보여서 세력을 확장한 다음 자신들의 뜻대로 정국을 끌고 가고자 했다. 앞으로는 얼굴 마담을 내세우고 뒤에선 실세가 장악하는 것은 그자들의 고전적인 수법이다. 미군정은 당연히 인민공화국을 거부했다. 그것은 해방 정국의 한낱 해프닝으로 끝나버렸다.

'인민공화국'에는 이처럼 복잡한 사연이 들어있었다. 하지만 일반 대중이 깊숙한 사연을 알 리가 없었다. 대중은 해방과 독립을 동일시하고 있었다. 일본이 물러갔으니 당연히 우리나라 정부가 세워질 것으로 기대했다.

일반 대중에게는 그때까지 좌익도 없었고 우익도 없었다. 그저 인민공화국이 세워졌다는 뉴스가 보도되니, 그것이 우리나라의 새로운 정부이고 이승만은 새 대통령이라고 생각했다. 그래서 이승만의 귀국을 재촉했던 것이다.

9월 13일자 하지의 일일 보고서에는 이런 대목이 있다. "대부분의 한국인들은 이승만을 한국의 손문(孫文, 중국 혁명의 아버지)으로 여기고 있는 것으로 보인다."

이승만은 10월 5일 뉴욕 공항에서 출발했다. 프란체스카는 동행하지 못하고 3월 뒤에야 시애틀에서 일본으로 가는 군 수송선을 탈 수 있었다. 공항에는 그녀와 미국인 친구들, 구미위원부 임원들이 나왔다. 역사적인 귀국길에 오르면서 이승만은 말했다. "나 한 사람은 오든지 가든지, 죽든지 살든지 일평생 지켜오는 한 가지 목적으로 끝까지 갈 것이다." 그 한 가지 목적은 기독교 민주주의 국가를 세우는 일이었다.[86]

한국에 돌아온 이승만은 당연히 인민공화국 주석 제의를 거절했다. 6일 뒤인 10월 21일, 그는 올리버에게 편지를 썼다. "가소로운 부분은 공산당이 나를 수반으로 해서 정부를 조직한 일이오. 나는 그들에게 소련이 나를 반공주의자라고 공격하는 마당에 내가 공산당 지도자가 되었으니 큰 영광이라고 말하였소..."

공산주의자들의 "가소로움" 때문에 그는 삽시간에 사람들의 입에 오르내렸고, 그것이 기회가 되어 환국할 수 있었다. 이승만의 귀국을 가능케 한 두 가지 우연, 하지와 윌리엄즈의 만남과 인민공화국 명단 발표는 때로 드라마보다도 재미있는 역사적 사실들을 보여준다.

더군다나 이승만을 도와준 두 세력, 미군정과 공산당이 이승만으로 인해 숱한 고초를 겪게 되는 훗날의 상황을 고려하면 더욱 흥미롭다.

이런 것을 우연이라고도 하지만, 기독교인들에게는 딱 들어맞는 성경 구절이 있다. "우리가 알거니와 하나님을 사랑하는 자 곧 그의 뜻대로 부르심을 입은 자들에게는 모든 것이 합력하여 선을 이루느니라"(로마서 8.28) 이승만의 귀국에도 "보이지 않는 손"이 역사하고 있었던 것은 아닐까?

스탈린의 분단 정책과 이승만의 대응

대한민국을 부정적으로 보는 세력은 우리의 건국으로 분단이 확정되었다고 주장해 왔다. 미국의 앞잡이 이승만이 권력을 차지하고자 하는 욕심에 눈이 멀어 민족 분단을 대가로 지불했다는 말도 안 되는 소리를 해왔다.

그네들의 주장이 거짓임을 입증하는 증거는 수도 없이 많다. 소련이 멸망한 다음에는 결정적인 증거들이 제시되었다. 공개된 소련 공산당의 기밀 문서들 가운데 1945년 9월 20일자 스탈린의 지령이 있다. 내용은 한마디로 북한에 친소(親蘇) 정권을 수립하라는 명령이다.

9월 20일이면 이승만이 귀국하기도 전이다. 미국과 소련이 38도선으로 일본군의 무장 해제 업무를 분담하기로 한 것 이외에는 아무것도 결정된 바가 없었다. 통일 신라 이후로 1500년 통일 국가를 유지해 온 우리 민족이 분단된다는 것은 아무도 생각하지 못한 일이었다. 하지만 스탈린은 전보 한 장으로 분단을 결정해 버렸다.

그 비극적이면서 중요한 전보에는 남한에 진주한 미군과의 합의나 한반도의 통합 또는 통일 문제에 대한 언급은 전혀 없었다. 애초에 스탈린에게는 미군과 협의해서 남북한 통일 정부를 수립한다는 생각 자체가 없었던 것이다. 그러니 훗날 벌어지는 미소 공동회의 같은 것은 모두 "쑈"에 불과했다.

스탈린의 전보 내용은 지시를 받은 실무자의 보고서에서 또 한 번 확인된다. 9월 20일자 지령에 대한 응답으로 12월 25일에 슈킨 총사령관이 보고서를 보냈다. 당시 소련의 군 지휘 체계는 스탈린 대원수, 안토노프 원수, 정치국장 겸 대장 슈킨 총사령관 순이었다. 소련 군부 서열 3위의 실력자가 보낸 보고의 내용은 다음과 같다.

"스탈린의 9월 20일자 지령문에 따라서 한반도의 이북 지역에서... 소련의 정치, 경제, 군사, 사회적 이익을... 영구히 지킬 인물들로 구성된 정권을 구축하기까지... 이런 정권 수립을 위해서 토지 개혁, 중앙 집권적 조직을 서둘러 구성해야 한다."

스탈린이 세우라는 정권은 "소련의 정치, 경제, 군사, 사회적 이익을 영구히" 지킬 수 있는 정권이었다. 다시 말해서 꼭두각시를 세우라는 것이다.

슈킨이 보고서를 보낸 시점은 12월 25일, 바로 그때 모스크바에서는 미국, 영국, 소련의 외무 장관 회의가 한창 진행 중이었다. 우리 민족에 대한 신탁 통치를 결정한 모스크바 삼상 회의였다. 여기에서 또 한 번 겉과 속이 다른 공산주의자들의 실체가 드러난다.

앞에서는 한반도에 자주 독립 국가를 세우기 위한 과정을 논의하면서 뒤로는 자신들의 이익을 위한 꼭두각시 정권 수립의 지령을 내리고 있었던 것이다.

독재자 스탈린의 지령에 따라 북한의 공산화는 빠른 속도로 진행되었다. 1945년 10월 12일, 여전히 이승만이 귀국하기도 전에 북조선 주둔 소련군 25군 사령관은 다음과 같은 명령을 내렸다. "반일당(反日黨)과 민주주의적 단체들은 자기의 강령과 규약을 가지고 와서 반드시 지방 자치 기관과 소련군에 등록하여야 하며 동시에 자기의 지도 기관의 인원 명부를 제출할 것."

　실제로 집행된 명령은 명령서보다 훨씬 엄격했다. 각 정당은 인원 명부를 제출하는 것은 물론 신원 조사도 받았다. 심지어 조상 때부터의 가계(家系)와 8세 이후부터의 자서전 내사까지 받아야 했다.

　결과적으로 소련군은 당시 북한 지역의 정치 지도자급 인사들의 정치적 성향에서부터 출신 배경까지 샅샅이 파악할 수 있었다.[87] 이와같은 자료를 바탕으로 소련은 북한의 공산화에 박차를 가했다.

　2차 대전이 끝난 뒤, 소련이 진군한 지역에는 대단히 유사한 공통점이 있다. 먼저 착취자들의 재산을 무산대중에게 돌려준다는 요란한 구호와 함께 토지 개혁을 실시한다. 그리고 기존의 공산당과 여타 정당 사이의 합당으로 노동 대중 정당을 출범시킨다. 처음부터 공산당 정권으로 출발하는 것이 아니고 노동 대중 정당의 노선을 주장하는 연립 정권을 수립한다.

　연립 정권이 수립되고 나면 잇달아 의심스러운 사건이 발생하게 된다. 연립 정권에 참여한 인물들의 암살, 사고사, 숙청이 이어진다. 의문사(疑問死)가 연달아 일어난 뒤에 살아서 남아있는 자들은 소련과 친화적인 공산주의자들뿐이다. 그들은 최종적으로 친소 단일 정권을 수립한다. 이때

쯤 되어서 정당의 이름도 공산당으로 바뀐다.[88]

소련의 "공식"은 북한에도 충실히 대입되었다. 처음에는 기독교인 조만식까지도 포함한 연립 정부의 형태를 취했다. 그러다가 국내파 공산주의자인 현준혁이 암살당하고 민족주의자 조만식은 연금되어서 생사(生死)가 불투명해졌다.

북로당의 김일성과 남로당의 박헌영이 남아있더니, 결국 국내파 박헌영은 숙청되었다. 최종 승자는 소련군 장교 출신 김일성이었다. 좌우합작이니, 연립 정부니 하는 것은 친소 독재 정권으로 가는 중간 단계들에 불과했다.

이승만은 스탈린의 흉계를 꿰뚫어보았다. 소련과 공산주의자들에 대항하기 위해서는 우선 대동단결(大同團結)이 필요했다. 귀국 기자회견에서 이승만은 20대 개화파 시절부터 사용했던 유명한 구호를 외쳤다. "뭉치면 살고 흩어지면 죽는다."

공산주의와 싸우고 나라를 세우는데 근원이 되는 신념은 기독교 정신이었다. 이승만은 1945년 11월 28일 정동 교회에서 연설했다.

"나는 여러분께 감사합니다. 40년 동안 사람이 당하지 못할 갖은 고난을 받으며 감옥의 불같은 악형을 받으며 예수 그리스도를 불러온 여러분께 감사를 드리는 것입니다...

오늘 여러분이 예물로 주신 이 성경 말씀을 토대로 해서 나라를 세우려는 것입니다. 부디 여러분께서도 하나님의 말씀으로 반석 삼아 의로운 나라를 세우기 위해 매진합시다."

북한에서는 이미 공산 정권이 자리를 잡아가고 있었고 남한에서도 공산주의자들이 맹활약을 펼치고 있었다. 이승만은 마침내 정면 대결을 선언했다. 1945년 12월 19일 저녁 7시30분, 서울 중앙 방송국(KBS)을 통하여 중계된 이승만의 연설 "공산당에 대한 나의 입장"은 한반도의 붉은 세력을 향한 선전 포고였다.

"공산당 극렬분자들은 제 나라를 파괴시키고 타국(他國)의 권리 범위 내에 두어서 독립권을 영영 말살시키기를 위주(爲主)하는 자이다...

양의 무리에 이리가 섞여서 공산(共産) 명목을 빙자하고 국권(國權)을 없이하여 나라와 동족을 팔아 사리(私利)와 영광을 위하여 부언낭설로 인민(人民)을 속이며, 도당(徒黨)을 지어 동족을 위협하며 군기(軍器)를 사용하야 재산을 약탈하며, 소위 공화국이라는 명사(名詞)를 조작하야 국민 전체의 분열 상태를 세인(世人)에게 선전하기에 이르렀다.

요즈음은 민중이 차차 깨어나서 공산에 대한 반동이 일어나매, 간계(奸計)를 써서 각처에 선전하기를 저희들은 공산주의자가 아니요 민주주의자라 하야 민심을 현혹시키나니, 이 극렬 분자들의 목적은 우리 독립국을 없이해서 남의 노예를 만들고 저희 사욕(私慾)을 채우려는 것을 누구나 볼 수 있을 것이다."

당시 소련과 공산주의의 인기는 세계적으로 절정이었다. 소련군은 2차 대전 중 나치 독일군을 상대로 영웅적으로 싸웠다. 특히 1943년 소련군이 스탈린그라드 결전에서 독일군을 섬멸한 것은 전세(戰勢)를 역전시킨 쾌거로서 세계인들의 가슴을 뛰게 하였다.

소련은 2천만 명이 죽는 엄청난 희생을 치러가면서 미치광이 히틀러를 꺾은 전승국(戰勝國)이었다. 미국의 국무부, 재무부 등의 요직에는 무계급

만민 평등의 공산주의 선전과 영웅적인 투쟁에 매료되어 자발적으로 소련의 첩자가 된 고위 관료들이 많았다.

이런 상황에서 이승만은 공산당 극렬분자들을 반역자요 파괴자라고 정확히 규정하였다. 소련을 조국으로 생각하는 반역, 파괴, 공산 세력은 국가 건설의 길을 함께 갈 수 없다고 선언하였다. 이 연설은 건국(建國) 지도자에 의하여 이루어진, 2차 대전 이후 공산당에 대한 세계 최초의 정면 대결 선언이었다. 소련에 대한 대결 노선을 천명한 미국의 트루먼 독트린은 그로부터 2년 후였다.

전 세계의 공산주의자들은 소련을 '프롤레타리아의 조국'이라고 부르고 있었다. 한반도의 김일성, 박헌영 역시 스탈린의 지령에 절대 복종하고 있었다. 이승만은 그 점을 지목하고 직격탄을 날렸다.

"이 분자들이 러시아를 저희 조국이라 부른다니, 과연 이것이 사실이라면 우리의 요구하는 바는 이 사람들이 한국에서 떠나서 저희 조국에 들어가서 저희 나라를 충성스럽게 섬기라고 하고 싶다.

우리는 우리나라를 찾아서 완전히 우리 것을 만들어 가지고 잘 하나 못 하나 우리의 원하는 대로 만들어가지고 살려는 것을 이 사람들이 한국 사람의 형용(形容)을 하고 와서 우리 것을 빼앗아서 저희 조국에 갖다 붙이려는 것은 우리가 결코 허락지 않는 것이니, 우리 삼천만 남녀가 다 목숨을 내어놓고 싸울 결심이다."

이승만은 남한과 북한의 공산주의자들이 스탈린의 졸개이며 매국노라는 점을 직설적으로 폭로했다. 그는 공산주의자들을, "한국 사람의 형용 (形容)을 하고 와서 우리 것을 빼앗아서 소련에 갖다 바치려는" 민족 반역자로 묘사하였다. 모습은 한국인이지만, 실상은 소련을 위하여 복무하는 간첩들이란 지적이었다.

소련이 그렇게 좋으면 소련으로 가라는 말은 단어 하나만 바꾸면 지금도 유효하다. 이 나라의 종북 세력들이여, 수령이 그렇게 좋고 북한이 좋으면 북으로 가라. 거기서 주체 사상을 하든 유일사상을 하든 마음껏 하라.

이승만은 이 연설에서 공산주의와 싸우는 방법도 제시하였다.

"먼저 그 사람들을 회유(誨諭)해서 사실을 알려주는 것이다. 내용을 모르고 따라 다니는 무리를 권유하여 돌아서게만 되면 함께 나아갈 것이오..."

설득이 되면 우리 편이다. 하지만 설득이 안 되는 자들이 문제다. 그들에 대해서 이승만은 비정하게 말했다.

"친부형(親父兄), 친자질(親子姪)이라도 원수로 대우해야 한다. 대의(大義)를 위해서는 애증(愛憎)과 친소(親疎)를 돌아볼 수 없는 것이다... 언제든지 어디서든지 건설자와 파괴자는 협동이 못되는 법이다. 건설자가 변경되든지 파괴자가 회개하든지 해서 같은 목적을 가지기 전에는 완전한 합동은 못 된다."

이승만은 공산당은 절대로 협동할 수 없는 원수이며 파괴자라고 주장했다. 이승만의 위대한 연설은 이렇게 끝난다.

"이 큰 문제를 우리 손으로 해결치 못하면 종시는 다른 해방국들과 같이 나라가 두 조각으로 나뉘어져서 동족상쟁의 화(禍)를 면치 못하고, 따라서 우리가 결국은 다시 남의 노예 노릇을 면하기 어려울 것이다. 그러니 우리는 경향 각처에 모든 애국 애족하는 동포의 합심 합력으로 민주 정체하(民主政體下)에서 국가를 건설하야 만년 무궁한 자유 복락의 기초를 세우기로 결심하자."

당시만 해도 남한에서 공산당은 불법이 아니었다. 표면적으로는 우익과 좌익이 죽기살기로 싸우던 시기도 아니었다. 그런 상황에서 이승만의 강경한 연설은 조갑제의 표현처럼 "70세 노투사(老鬪士)의 위대한 선제 공격"[89]이었다.

제대로 얻어맞은 조선 공산당의 박헌영은 "세계 민주주의 전선의 분열을 책동하는 파시스트 이승만 박사의 성명을 반박함"이라는 성명을 발표하였다. 표현은 극렬했지만 효과는 신통치 않았다. 박헌영 등 공산 세력이 주도한 인민공화국이 이승만을 주석으로 추대한 것이 불과 세달 전인데, 갑자기 파시스트라고 공격하니 앞뒤가 안 맞았다.

이승만에게서 보여지는 천재성 중의 하나는 타이밍이다. 공산당에게 기습 공격을 가한 것이 12월 19일이다. 박헌영이 반박하면서 남한 정국은 공산주의자들에 대한 입장을 놓고 찬반양론이 뜨거워졌다. 논쟁이 한창 달아오르던 12월 26일 모스크바 삼상 회의의 결과인 신탁 통치안이 발표되었다.

한국인들에게 자치(自治) 능력이 없으므로 강대국들이 5년 기한의 신탁 통치를 하겠다는 내용이었다. 그것은 우리 민족에 대한 모독이었다. 5천년 독립국이었던 우리가 자치를 못한다는 지적은 화약고와 같던 민심에 불을 붙였다. 즉각 김구와 이승만이 주도하는 반탁(反託) 운동이 전국적으로 일어났다.

공산당도 처음에는 반탁의 흐름에 밀려가는 듯 했다. 하지만 정확하게 말하면, 박헌영의 조선 공산당은 찬탁인지 반탁인지 태도를 결정하지 못했다. 소련의 지령이 내려오지 않았기 때문이다. 박헌영은 서울 주재 소련 영사관을 찾아가 지침을 받으려 했으나, 영사관측은 본국으로부터 훈령을 받지 못하였다고 했다.

결국 박헌영은 12월 28일 밤 비밀리에 38선을 넘어 평양으로 갔다. 그곳에서 소련군 민정(民政) 사령관 로마넨코가 지침을 하달했다. 신탁통치를 결의한 모스크바 협정을 지지하라는 것이었다.

지령을 받은 박헌영은 1946년 1월 2일 서울로 돌아와 신탁통치 지지 성명을 발표하였다. 그것은 남한 민중에게 제대로 된 학습 효과가 되었다. 불과 일주일 전에 이승만이 공산당은 사대주의자에 매국노라고 비판했다. 그 말이 귓전에서 사라지기도 전에 강대국이 조국을 다스린다는데 공산당이 찬성하고 나섰다.

이승만의 말이 맞다는 것을 공산주의자들이 스스로 입증한 셈이다. 이승만은 용기 있게 진실을 말함으로써 해방 정국의 주도권을 장악했다. 해방에서 건국까지의 3년 동안, 이승만과 다른 지도자들의 중요한 차이점이 바로 이것이다.

이승만은 외부 세력이 만들어놓은 흐름을 관망하다가 적당하게 올라탈 생각을 하지 않았다. 적절한 타이밍의 선제적 행동으로 스스로 흐름을 만들어나갔다. 본인이 흐름을 만들고 본인이 주도해 나가는 리더십을 발휘했다. 그것이 그가 대권(大權)을 차지한 중요한 요인이었다.

돌아올 수 없는 다리, 1946년

1946년은 남북한 모두 돌아오지 못할 다리를 건넌 시점이었다.[90] 신탁 통치를 주장한 모스크바 삼상 회의의 결정에 대하여 북한 공산당은 열렬한 지지를 표명했다. 신탁 통치 찬성 지지 캠페인을 전개하면서 김일성은 "모스크바 협정을 북조선에서만이라도 먼저 실시하자"고 주장했다.

탁치 운동은 반탁에 대한 공격을 동반했다. 신탁 통치에 반대하는 이들은 "친일파·민족반역자"로 규탄 당했다. 북한의 모든 정당, 사회단체에서 신탁통치 반대인사들을 숙청했다. 북한의 민족주의자 조만식(曺晚植)은 반대 의사를 표명하였다. 그것이 그의 마지막 정치 행위가 되고 말았다. 소련과 김일성은 1946년 1월 조만식을 감금했고, 그 이후의 소식은 알려지지 않았다.

형식적으로 손을 잡았던 민족주의자들을 숙청해 버린 후, 1946년 2월 소련은 북조선 임시 인민위원회를 구성했다. 위원장은 김일성, 부위원장은 김두봉이었다. "임시 위원회"라는 이름을 붙였지만, 그것은 사실상 정부였다. 북한의 공식 역사서인 「현대 조선 력사」는 다음과 같이 설명한다.

"북조선 림시 인민위원회의 수립으로서 우리 인민은 그토록 오랜 세월을 두고 념원하던 진정한 인민정권을 가지게 되었으며 혁명의 강력한 무기를 틀어쥐게 되었다. 이때로부터 인민 대중은 사회의 떳떳한 주인으로서의 자주적인 권리를 행사할 수 있게 되었으며 자연과 사회를 변혁하기 위한 창조적인 투쟁을 결정적으로 벌려나갈 수 있게 되었다."

여기에서 또 한 번 말과 실체가 다른 그들의 모습을 발견한다. 임시 위원회라고 이름을 붙여서 앞으로는 마치 정부가 아닌 것처럼 가장을 해놓고 뒤로는 '혁명의 강력한 무기를 틀어쥐고' 있다.

김일성 자신도 임시 위원회가 정부임을 인정했다. 그는 1946년 8월 15일 "북조선 임시 인민 위원회는 전체 인민의 의사와 이익을 대표하는 북조선의 중앙 주권 기관"이라고 찬양했다.[91]

임시 인민위원회는 토지 개혁을 단행했다. 북한의 토지 개혁은 획일적이었다. 농가(農家)마다 가족 숫자가 다르고 토지의 비옥도가 다르며, 위치에도 차이가 있다. 식구가 적은 집이 있고 많은 집이 있으며, 비옥한 땅이 있고 척박한 땅이 있기 마련이다. 그런데 북한에서는 모든 차이점들을 무시하고 획일적으로 땅을 나누어 주었다.

이는 소련의 경우와 유사하다. 소련의 토지 개혁 사례 가운데 토지를 무조건 폭 1미터 안팎으로 잘라준 기록이 있다. 그러다보니 한 사람이 가진 토지가 한 곳에 모여 있지 않고 흩어져있게 되었다. 농민들은 폭 1미터의 한 부분에서 농사를 짓고, 다른 구역으로 가서 또 짓고, 또 다른 지역으로 가야했다. 정말 무지한, 공산당식 방법이다.

토지 수확량을 거두어가는 방법 또한 무지막지했다. 수확고의 25%를 거두어갔는데, 실제 수확량이 아니라 예정 수확량의 25%였다. 세금은 돈을 번 다음에 내는 것이 상식이다. 앞으로 돈을 얼마만큼 벌 것이라고 국가에서 예상액을 정해주고 미리 세금을 매긴다는 것은 세금이 아니라 착취이다.

북한의 토지 개혁은 일종의 기만이었다. 무리하게 획일적으로 강행되었고 집단 농장으로 가는 단계적 조치에 불과했다. 결국 1958년 집단 농장화가 이루어졌다. 모든 토지가 국가 소유가 되고 국민들은 국가의 농노(農

奴)가 되어버린 것이다.

그것은 예정된 수순이었다. 사유 재산제를 부정하는 공산주의 사회에서 농민들의 토지 소유권을 인정한다는 것은 애초부터 불가능한 일이었다. "무상 몰수, 무상 분배"의 구호를 내걸었지만, 무상 분배는 없었고 무상 몰수만 있었을 뿐이다.

남로당 총책을 지낸 국내파 공산주의자 박갑동의 증언이다.

"이북에서의 토지 개혁은 무상 몰수, 무상 분배로 지주와 자영농, 영세 소농까지 전부 없애버렸어요. 이런 일은 동구라파의 폴란드나 체코에서도 없었던 일이에요. 그런데 북한 김일성 집단은 이런 것을 하나도 인정하지 않고 무조건 몰수했어요. 그것은 그 사람이 국내에서는 한반도 항일(抗日)을 위해서 싸운 적이 없고, 국내 동포들에 대한 애정이 조금도 없었기 때문이에요...

해방 직후에는 전국 재산의 8할 이상이 일본인 소유의 재산이기 때문에 국유화돼 있었고, 대지주라고 해야 극소수에 불과한데, 공산주의자들은 중농 이하의 영세 소농에 이르기까지 무상 몰수에 의한 무상 분배를 들고 나오지 않았습니까?

... 무조건 무상 몰수, 무상 분배해서 집단 농장화 하니까, 물질적, 정신적 인센티브가 없어져서 생산력이 격감된 것입니다. 그래서 소련, 중국, 북한 등 사회주의 국가에서는 식량 부족 사태가 생기고, 토지 개혁이 다 실패로 끝나지 않았습니까?"92)

박갑동은 공산주의가 몰락하게 되는 과정을 지적한다. 무자비한 토지 개혁이 집단 농장으로 이어져 생산력 격감을 낳은 것이 공산권 몰락의 중요한 요인이었다. 이것이 실체이다. 그러나 소련과 북한은 대대적으로 토지 개혁의 성공을 선전했다. 폭력적인 토지 개혁으로 수탈당한 북한의 지주들은 대거 월남(越南)했다.

토지 개혁과 함께 산업 시설에 대한 국유화(國有化)가 단행되었다. 1946년 '주요 산업 국유화 법령'에 따라 전 산업의 90%에 해당하는 1032개 공장, 기업, 문화 기관이 공산당에게 접수되었다.

토지 개혁이나 국유화는 웬만한 정권이면 함부로 실시하게 어려운 조치이다. 국민의 재산에 손을 대야하기에 강력한 반발에 직면할 수 있기 때문이다. 더군다나 북한처럼 전 국토에 대한 무상 몰수, 산업 시설의 90%에 대한 국유화 같이 엄청난 조치는 막강한 파워를 가진 정권에서나 가능한 일이다. 그런 일을 단행한 정권이 "임시 인민위원회"라는 이름을 붙였으니, 정말 앞뒤가 안 맞는다. 북한 군대도 임시 인민위원회 산하로 창설되었다.

　　.

분단 정권 수립을 위한 스탈린의 지령, 38선의 분단선화, 반공 민족주의자들의 제거, 정권 수립, 토지 개혁과 국유화에 이르기까지, 소련의 정책은 일관성 있게 속도전으로 추진되었다. 이와 대조적으로 남한에서의 미군정은 이렇다 할 조치를 취하지 못했다. 남한 정국에서는 갈등만 증폭되고 있었다.

당시 미국 정부는 한반도의 전략적 가치에 대한 합의는 물론 심의조차 하지 않은 상태였다. 그것은 미국이 한반도를 국제 정세, 특히 중국 대륙의 상황에 따라 정책이 바뀔 수 있는 지역으로 간주했기 때문이었다. 제 2차 대전이 끝난 후의 세계정세도 그렇거니와 특히 중국의 정세는 너무나 유동적이었다.

미국의 입장에서 볼 때, 일본과 달리 한국은 광대한 대륙의 일부였다. 한반도의 전략적 가치는 중국에서 일어나는 상황에 따라 변하는 것이었다. 그런데 중국에서는 내전이 치열하게 계속되고 있었고 그 앞길이 투명하지 않았다.

따라서 1945년 8월부터 1947년 초반까지의 미국의 남한 정책은 신탁통치를 실시하기 위한 소련과의 교섭을 계속하면서 중국에서의 사태를 관망하는 Wait-and-see 정책, 즉 "안개가 개는 것을 기다리는" 정책이었다.[93]

신탁 통치를 실행하기 위하여 미국과 소련은 미소 공동회의를 열었다. 그것은 출발부터 실패가 예정된 회의였다. 이미 소련은 분단을 확정지었고 북한에 강력한 정권을 수립한 뒤였다. 그네들이 회담에 참여한 것은 한반도에서 국제 합의를 준수한다는 모양을 내고 친소 정권을 공고화하기 위한 명분 쌓기와 시간 벌기에 불과했다.

소련 측은 모스크바 삼상 회의의 결정, 다시 말해 신탁 통치에 찬성하는 정당만을 받아들여서 한반도에 정부를 구성해야 한다고 주장했다. 신탁 통치에 찬성하는 정당은 공산당뿐이었다. 미국은 민주주의 원칙에 따라 다른 정당도 참여할 수 있어야 한다고 주장했다.

미국과 소련의 회담은 잇따라 결렬되었고, 북한은 공산화에 성공했고, 남한의 공산주의자들은 한반도 전체를 붉게 물들이기 위한 투쟁에 여념이 없었다. 미국은 1949년에야 끝난 중국 내전의 상황만 지켜보고 있었다. 그냥 그대로 앉아있다가는 한반도 전체를 공산당에게 내어줄 판이었다. 누군가 움직여서 나라를 구해야할 때, 이승만이 나섰다.

구국을 위한 결단, 남한 순행과 정읍 발언

신탁 통치를 주장하는 공산당에 대한 싸움은 반탁 운동으로 전개되었다. 맥아더는 이렇게 말했다. "한국인들이 자치 능력이 없다고 말하는 것은 어리석은 말이다. 동물조차도 스스로 돌보는 방법을 알고 있다."

맥아더에 의하면 신탁통치안은 한국인들을 동물만도 못하게 취급한 것이다. 당연히 공산당을 제외한 모든 정치 세력이 신탁 통치 안에 거세게 반발했다. 남한의 언론들은 탁치 안을 국제적인 노예제라고 비난했다.

반탁의 선두는 이승만과 김구였다. 1946년 1월 2일자 〈동아일보〉에는 이승만의 주장이 실렸다. "탁치가 강요된다면 열국의 종속 민족으로 우리에 대한 생사여탈권을 타인에게 맡겨놓는 격이 될 것이다. 소련의 사주를 받고 있는 공산주의자들의 탁치론은 영원히 우리 반도와 국민들 팔아먹으려는 가증스러운 행동이다. 공산주의자들은 궁극적으로 한국을 소련의 위성국으로 만들려는 저의를 품고 있다."

공산당에 대한 이승만의 비난이 거세어지고, 이에 동조하는 세력이 늘어나자, 곤란해진 쪽은 미군정이었다. 국제적으로는 소련과 합의하며 국내적으로는 좌우합작을 추진하는 것이 미국의 정책이었기 때문이다. 하지는 이승만의 라디오 방송 원고를 사전 검열하여 소련에 대한 비난을 삭제했다. 이승만과 하지의 대결이 점차 치열해졌다.

이승만은 반탁 운동을 전국적으로 전개하며 1946년 4월 15일부터 지방 유세에 들어갔다. 그의 연설 주제는 반탁과 반공이었다.

"이론상으로 공산주의는 그럴듯하다. 만일 이 주의를 전달하는 사람들이 이 주의를 전하는대로 실천한다면 나도 그들을 존경할 것이다. 그러나 공산주의를 선전하는 자들은 아름다운 이상으로써 양의 가죽을 만들어 쓰고 세계 정복을 꿈꾸는 소련의 앞잡이로서 공산주의를 선전하는 것이다...

그들은 세계 사람들에게 각각 그들의 정부를 파괴시키고 나라를 소련의 독재 하에 넣도록 훈련시키고 있다. 당신의 동생일지라도 공산주의의 훈련을 과학적으로 받았다면, 이제는 당신의 동생이 아니다. 그 동생은 소련을 자신의 조국이라고 부르며 당신의 국가 공업을 파괴하는 한편 정부를 뒤엎고 동포들을 소련에 넘겨주려 할 것이다. 그러면 드디어는 당신의 나라는 소련의 위성국이 되는 것이다.

그러나 그 뒤엔, 당신의 동생은 집 없는 거지가 되고 가족은 노예가 될 것이다. 이때에 이르러 잘못을 깨달아도 아무 소용이 없을 것이다."

이승만의 유세는 남한 전역을 열광시켰다. 그에게 비판적인 미군정의 여론 조사원조차 "이승만이란 이름은 신비로운 후광에 쌓여있다. 유세는 돌풍적인 성공을 거두었다"고 보고할 정도였다. 때로 만 명이 넘는 거대한 군중이 그늘 하나 없는 땡볕에 앉아서 연설에 귀를 기울였다.

영남 유세를 마치고 호남 지역을 방문했을 무렵, 이승만에게 미국과 소련의 회담이 또다시 결렬되었다는 소식이 들려왔다. 앞에서 논한 바와 같이, 북한에는 공산 정권이 수립되어 한반도 공산화를 착실하게 준비하고 있는데, 남한은 기약도 없이 미국과 소련의 가망성 없는 합의만 기다려야 하는 상황에 처한 것이다.

조국이 위기에 처한 상황을 돌파하기 위하여, 이승만이 또 한 번의 결정적인 행동을 취했다. 이른바 남한 단독 정부 수립이었다. 1946년 6월 3일, 전라도 정읍 유세에서 이승만은 유명한 발언을 한다.

"이제 우리는 무기 휴회된 공위(미국, 소련 공동위원회)가 재개될 기색도 보이지 않으며 통일 정부를 고대하나 여의케 되지 않으니, 우리는 남방만이라도 임시 정부 혹은 위원회 같은 것을 조직하여 38이북에서 소련이 철퇴하도록 세계 공론에 호소하여야 될 것이니 여러분도 결심하여야 될 것이다."

이 발언은 사실상 국내외 모든 정파들은 말할 것도 없고, 모스크바 협정의 준수를 고수하던 하지에게도 폭탄이었다. 이승만의 정읍 발언이 보도되자 정국은 소란해졌다. 남한 지역에 존재하던 거의 모든 주요 정당과 사회단체들이 비난의 화살을 퍼부었다. 미군정도 그를 비판했다. 이승만이 분단을 획책한다는 비난, 민족을 두 동강 내버린다는 감상적 민족주의에 기초한 비판의 소리는 점점 높아졌다. 이승만은 정치적으로 고립될 위기에 처했다.

이승만은 왜 단독 정부 수립을 주장했을까?

이승만이 정치 생명이 위태로워지는 위험을 무릅쓰고 남한 단독정부 수립(단정론)을 주장한 이유는 무엇이었을까? 그를 비판하는 정치 세력이나 연구자들은 남한의 대통령이 되고자하는 권력욕 때문이라고 주장한다. 통일 한국의 대통령이 되기 어려울 바에야, 조국을 반으로 나누어서라도 대통령이 되는 편이 낫겠다고 계산했다는 것이다. 몰라도 한참 모르는 소리다.

상식적으로 권력은 정치적 고립으로부터는 창출되지 못한다. 권력욕이 강한 자는 권력을 잡기 위해 기회주의적으로 처신한다. 그런 점에서 볼 때 이승만이 정치적으로 극심하게 고립되고 정치 생명에 위협을 받아가면서 남한 단정론을 주장한 것은 권력욕 때문은 아닌 것이 분명하다.

그것은 아무도 공식적으로 공산당을 비판하지 않을 때, 그가 공산당을 공개 비판하여 고립되는 위기를 자초한 것이 권력욕 때문이 아니었던 것과 동일하다. 이승만은 북한 지역에 이미 공산 정권이 수립되어 '민주개혁'이란 명칭으로 사회주의화 작업이 진행되고 있는 상황을 직시했다.

그런 가운데 남한에서만 성공 가능성을 보장할 수 없는 미소 공동위원회의 합의만을 기다리며, 정부를 수립하지 않는 상태가 지속될 경우, 무서운 위험이 닥칠 것임은 자명(自明)했다. 아무 대책 없이 미국과 소련의 합의만을 기다리다보면, 무정부적인 혼란은 가중되고 남한마저 공산화될 가능성은 충분했다.

그것은 일본의 식민지에서 해방된 우리나라가 또다시 소련의 노예가 되는 것을 뜻했다. 조국이 소련의 노예로 전락하는 것을 막기 위해 이승만은 정치적 고립을 자초하며 정치 생명을 무릅쓰고 단정론을 주장했다.

동시에 이승만은 남한 지역의 '정치적 미해결 상태'가 지속될 경우, 미국이 세계의 다른 지역에서의 이익을 지키기 위해 한국을 흥정의 대상으로 삼아서 희생시킬 가능성이 있다고 판단했다. 이는 우리 민족 최초의 국제법 학자이고 수십 년간 망명 정부의 수반으로 강대국들의 멸시를 받으며 외교 활동에 매진해온 이승만 박사만이 가질 수 있는 통찰력이었다.

과연 그의 판단은 맞았을까? 이승만의 우려는 오늘날 드러난 자료들에 비추어보면 타당한 것이었다. 미국은 1945년의 마지막 3-4개월 동안에 다른 지역에 대한 정책을 관철하기 위해 한반도에 대한 소련의 주장을 수용했다는 인상을 준다. 거칠게 표현하면, 한국은 넘기고 다른 곳을 받는 식이다.

일본에 소련이 끼어들지 못하게 하는 대신 피점령국의 통치는 그 지역을 군사 점령한 국가의 전권에 맡기는 원칙을 고수한 것, 모스크바 삼상회의에서 한반도에 대한 소련의 초안을 대폭적으로 수용하는 대신 루마니아와 불가리아에 대한 미국의 주장에 소련이 양보하기를 기대한 것, 북한 지역에서 단독 정부인 임시 인민위원회가 구성되었는데도 강력하게 항의하지 않은 것 등이 그 구체적인 사례이다.[94]

여러 가지 사실을 종합해보면, 단독 정부 수립론은 우리나라가 공산화되는 것도 안 되고 강대국 간의 흥정과 거래의 대상이 되어서도 안 되며, 오직 자주 독립국가로 세워져야 한다는 이승만의 필생의 신념이 탁월한 정세 판단을 통해서 드러난 승부수였다.

오늘날에도 이승만의 단정론에 대해서는 평가가 엇갈린다. 이는 곧 대한민국 건국에 대한 평가와 연결된다. 단정론이 현실화되어서 건국된 나라가 대한민국이기 때문이다. 비판자들은 우리의 건국이 민족을 분단시킨 것처럼 비난한다. 그러나 수많은 증거가 입증하듯이 1945년 9월 20일자 스탈린의 지령과 소련을 맹목적으로 추종한 공산주의자들에 의해서 분단은 일찌감치 결정된 사건이었다.

단독 정부의 수립 혹은 대한민국의 건국은 한반도 전체의 공산화를 막기 위한 불가피한 조치였다. 건국이 분단을 위해서 이루어진 것은 아니다. 건국의 지향점은 어디까지나 통일이었다. 궁극적으로 한반도 전체를 자유

민주주의적으로 통일하기 위한 지리적 토대, 곧 기지를 확보하기 위해서였다.

대한민국의 건국은 한반도의 공산화 통일을 추구하는 세력의 입장에서 보면 민족을 분단한 것이겠으나, 자유민주적 통일을 희구하는 세력의 입장에서 보면 민족 통일을 위한 필수적 조치였다.[95]

아이러니하게도, 단독 정부의 수립과 건국의 중요성은 스탈린에 의해서도 입증된다. 중국에서 국민당을 밀어내고 승리를 거둔 중국 공산당은 제2인자였던 류샤오치를 모스크바로 파송했다. 류사오치는 스탈린과의 회담에서 중국 공산당이 정부 수립을 준비하고 있다는 사실을 알렸다. 마오쩌둥은 다음 해, 즉 1950년 1월 1일에 인민공화국의 수립을 선포할 예정이라고 말했다.

이 말을 듣고 한참 생각하던 스탈린은 자신은 동의할 수 없다고 했다. 그 이유는 어느 나라이든 공식적으로 출범한 정부가 없는 상태로 오래 끌 경우, 외국인의 간섭을 받을 수 있기 때문이라고 설명했다. 스탈린은 류샤오치에게 날짜를 앞당겨서 좀 더 일찍 정부를 수립할 것을 충고했다. 이에 따라 중화 인민공화국은 예정되었던 1950년 1월 1일보다 앞당겨 1949년 10월 1일에 수립되었다.

이러한 견지에서 볼 때 대한민국의 수립은 시급했다. 이승만과 임시정부는 주권을 가진 정부가 없었기 때문에 40년간 세계 각국에서 그리고 각종 국제회의에서 조선 독립의 당위성과 필요성을 선전하고 청원하고 다녀야 했고, 자치능력이 없는 망국노(亡國奴)라는 격멸과 매도를 감수해야

했었다. 분단의 원흉(元兇) 스탈린마저도 강조할 만큼, 시급한 건국은 중요했다.

1946년 6월 3일은 운명적인 날이었다. 1945년 9월 이승만은 미국의 시러큐스 대학 교수였던 올리버에게 "귀하가 대학을 그만두고 우리들의 홍보 업무에 전적으로 매달릴 것"을 요청한 바 있다. 올리버는 미국의 연설학회 회장을 지냈으며 훗날 아이젠하워 대통령의 즉석 연설을 준비해 줄 정도로 유능한 인물이었다.

미국에서도 성공적인 이력을 쌓아가던 그가 이승만과의 인연 때문에 개인적인 희생을 감수하면서 한국으로 왔다. 그는 1942년에 이승만을 만난 이래 줄곧 한국 독립을 돕고 있었다.

올리버가 서울에 도착한 날이 공교롭게도 1946년 6월 3일이었다. 그날 정읍에서는 이승만이 단독 정부 수립이라는 폭탄을 던졌고, 서울에서는 미군정 최고 지도자들과 올리버의 만남이 이루어졌다. 다음은 올리버의 회고이다.

"하지 장군과 그의 차석으로 남조선 군정 장관으로 있던 아처 러치(Archer Lerch) 장군과의 모임에 불려나갔다. 두 사람은 나와 이야기를 나누기 위하여 많은 시간을 할애했고 또한 나를 만나고 싶어 했던 것 같다. 그들은 모두 이승만이 과대망상으로 거의 제정신이 아니라고 말한다. 사실상 하지 장군은 어떤 정신병 의사가 이 박사와 은밀하게 면담을 가지도록 일을 진행시킨 바도 있다.

그들은 그가 개인적으로 이야기를 나눌 때에는 매우 유쾌하고 좋은 사람이지만, 공식 모임에서는 아주 난폭한 사람이 되어 소련과 한국의 공산주의자들을 비난함으로써, 자기들의 일처리를 더욱 더 어렵게 만들고 있다고 말한다."96)

이날 하지는 이승만에 대해서 이렇게 평가했다. "이승만 박사는 한국 정치가들 중에서 너무나 위대한 인물이며, 나는 그가 유일한 인물이라고까지 말합니다. 그러나 그가 공산주의에 대한 공격을 멈추지 않는 한, 그는 한국 정부 내에서 어떤 자리도 차지하지 못합니다."

이승만이 정읍에서 단독 정부를 수립해야 한다고 주장했던 6월 3일에, 하지는 서울에서 정신병자 이승만은 어떤 자리도 차지할 수 없다고 극언했다. 두 사람의 정면 충돌을 상징적으로 보여준 날이다.

하지와 러치가 올리버를 만난 것은 같은 미국인 입장에서 도움을 받고 싶었기 때문이었다. 이승만의 오랜 동지인 올리버가 이승만을 설득하여 공산주의자들과 친하게 지내려는 미국의 정책에 방해가 되지 않도록 하려는 의도도 분명 있었을 것이다.

그러나 올리버는 그의 평생을 통해서 웬만한 한국인보다도 더 한국을 사랑한다는 사실을 입증해보였다. 올리버는 하지의 희망과는 달리, 오히려 이승만과 한국의 입장에서 미국을 비난하는 작업을 계속했다. 결국 하지는 "올리버를 처형시켜 버려야 한다"는 극단적인 발언까지 했다. 우리의 건국 과정에는, 올리버와 같은 고마운 미국인들이 있었다.

이승만과 하지의 대결

1946년은 이승만과 하지 모두에게 치열한 전쟁의 해였다. 소련과의 합의, 좌우 합작, 신탁 통치안의 실시를 추진하는 하지와 반공, 반탁, 단독 정부 수립을 주장하는 이승만은 정면 대결을 벌였다.

하지는 이승만의 연설 원고를 사전에 검열하여 소련을 비난하는 대목을 삭제했다. 이승만에게 보내진 모든 우편물을 검열했으며 정치 자금을 차단해 버렸다. 가택 연금에 처해서 사실상 가두어 버리기까지 했다.

전화도 차단되었고 이승만을 찾아오는 국내외 저명인사들은 미군정의 방해를 받아야했다. 주기적으로 해오던 라디오 방송도 금지되었다. 이승만과 외부 국민과의 모든 접촉 수단이 완전히 제거된 것이었다. 아예 이승만의 입을 막아버리려는 시도였다.

설상가상(雪上加霜)으로, 이 무렵 이승만은 두 차례 암살 미수까지 당했다. 누군가 부엌에 시한폭탄을 설치했는데, 다행히 폭발 직전에 발견되었다. 범인을 잡고 보니 이승만이 머물던 돈암장의 경비 경찰관이었다. 그는 공산당 프락치로 밝혀졌다.

또 한 번은 돈화문 부근에서 이승만의 차량에 누군가 권총을 쏘고 달아났다. 흉흉한 사건이 잇따르자, 급기야 돈암장의 주인이 "집을 비워 달라"고 통보했다. 70대의 노(老) 애국자 부부는 당장 갈 곳이 없었다.

어렵게 구한 집이 원효로 언덕의 작은 일본 주택이었다. 한강이 발아래 흘러가는 이승만의 새 거주지 마포장은 오래 비워둔 탓에 문짝이 떨어지고 수돗물도 나오지 않았다. 물지게로 물을 날라 청소하고 입주했지만, 불편한 것이 한두 가지가 아니었다.

가택 연금 상태에서 할 일이 없어진 이승만은 손수 망치질 하고 대패질도 하고 집을 수리하며 시간을 보냈다. 집이 너무 작아서 이삿짐도 다 풀지 못한 채 지내는 칠순 노부부를 보다 못한 측근들이 다시 나섰다. 이승만의 열렬한 후원자였던 황온순 여사가 자신의 기와집을 선사했다. 그곳이 '이화장'(梨花莊)이다.

이승만의 일생을 읽다보면, 지나친 궁색함에 놀라게 된다. 민족 지도자 치고는 너무나 초라한 생활수준 때문이다. 일국의 대통령이 된 다음에도 그의 궁색함은 계속되었다. 해진 속옷을 입고 다니고 6·25 사변 당시 땀띠 약이 없어 고생한 것은 유명한 일화이다.

좌우합작은 공산화로 간다는 이승만의 주장을 지지하는 실제 사례는 얼마든지 있다. 동유럽의 소련 위성 국가들과 북한이 비슷한 시나리오를 거쳐서 공산화되었기 때문이다.

폴란드의 소위 '연립 정부'를 예로 들어본다. 스탈린은 1945년 2월의 얄타회담에서 폴란드 연립 정부에 친서구적인 폴란드 망명정부 각료들을 참가시켜야 한다는 미국 측의 요구를 받아들였다. 그는 20명의 각료 중 4,5명의 비공산주의 인사를 받아들이기로 동의했다.

그러나 그 후 소련측 몰로토프(V. M. Molotov) 외상은 서구측이 지명한 인사에게 거부권을 행사했고 서유럽 측의 추천 대상자인 16명을 체포해 버렸다. 1945년 5월에 폴란드에 연립 정부가 구성되기는 하였으나 좌우연립은 명목뿐이었다. 실질적으로는 공산 정권이었다. 소위 '좌우합작 정권'은 급격한 속도로 우익 숙청을 단행했다.

1946년 겨울, 올리버는 이렇게 썼다. "동유럽에서 전혀 성공한 바 없는 좌우합작 조직을 이승만 박사에게 만들어 내라니, 이런 요구는 일본인 상전을 공산 지배자로 바꾸는 일에 동의하라는 것밖에 안 된다. 언제나 이를 거부하고 반대 발언에서 가장 강경하고 노골적인 이승만 박사에게는 세계 언론으로부터 '극우'라는 호가 붙었다. 중도파들에게까지 이 박사는 극단적 반동주의자라는 견해가 널리 유포되어 갔다."

역사는 때로 서글픔과 위로를 함께 전해준다. 이승만에게 붙은 극우라는 칭호가 그렇다. 이 나라를 지켜온 반공, 애국 세력은 오랫동안 극우, 수구, 반동으로 매도되었다. 1999년 8월 참여연대가 발간한 월간 〈사회참여〉에는 박원순의 발언이 실렸다.

"지난번 미즈(Ms) 코언 (루이사 코언 그리브 전미(全美) 민주주의 기금 동아시아 담당 국장)이 한국을 방문했을 때도 집요하게 북한 인권 문제에 관심을 갖고 운동을 한다면 재정 지원을 할 용의가 있음을 이야기하여 좀 이상하게 생각한 적이 있었다. 한국에서 그동안 북한 인권 문제를 다루는 단체와 언론은 대체로 극우 보수파들이었음을 설명했다."[97]

이승만에게 붙었던 칭호와 같은 '극우'라는 말이 나온다. 도대체 누가 극우인가? 북한 민주화에 관심을 갖고 탈북자를 구출하려는 단체와 언론이 어떻게 극우인가? 굶어죽고 맞아죽고 병들어죽는 동포를 살리자는데 왜 극우인가?

미국의 시민운동가는 '집요하게' 북한 인권에 관심을 갖고 자금을 지원하겠다고 박원순에게 말했다. 박원순은 그게 이상했다고 한다. 왜 이상한가? 인간 이하의 삶을 살고 있는 동족들을 우리가 마땅히 살려야하는데, 그걸 제대로 못하고 있는 것도 부끄러운 판에, 미국 사람들이 관심을 가지고 도와주겠다면 오히려 고마워해야지 무엇이 이상한가? 부끄러운 줄도 모르고 이런 발언을 한 자가 당시에는 대표적인 시민 운동가였고 훗날에는 서울 시장이 되었다는 사실이 이상한 것 아닌가?

매도당하는 서글픔, 동시에 매도당하는 위로가 있다. 건국의 아버지 이승만도 극우로 불렸다. 히틀러같은 진짜 극우가 아니라면, 사실을 직면하고 용기 있게 진실을 말하는 자들을 극우라고 부른다면, 공산주의자들에게 탄압당하는 동족들을 구출해야 한다는 당연한 상식을 가진 이들을 극우라고 부른다면, 사실은 퇴보주의자들인 자칭 진보들이 애국 세력을 극우라고 부른다면, 기꺼이 그렇게 불릴만하다.

남한의 권력은 하지의 수중에 있었다. 칼자루를 쥔 쪽은 하지였다. 치열한 대결을 거듭하던 이승만은 또 한번 승부수를 던진다. 한국에서 하지와 싸워서는 더 이상 승산이 없고 소모적일뿐이라고 판단하여 미국행을 결심한 것이다.

그 옛날, 한국 독립을 위한 서명을 거절했던 스승 윌슨이 "나 한 사람의 서명이 아니라 미국 국민들의 서명을 받으라"고 했던 충고를 다시 한번 실천하고자 한 것이다. 그는 워싱턴과 미국인들을 직접 상대하여 한국의 독립을 이루어내고자 했다. 이승만은 1946년 말, 자신의 정치 생명과 나라의 운명을 걸고 미국으로 떠났다.

1947년, 대전환

미국에 도착한 이승만은 특유의 왕성한 활동력을 발휘했다. 하지의 정책을 비판하고 한국의 독립을 요구했다. 그는 언론과 미국 정치계, 특히 한국 문제를 취급하는 국무부를 대상으로 집요하고 열정적인 설득 작업에 나섰다. 국무부에 제출한 건의서의 내용은 다음과 같다.

"우리의 독립 요망은 즉시 성취되어야 하며 만약 그렇지 않으면 전쟁이 일어날 것이다. 한국인의 인내는 최후 단계에 달하고 있으며 한국인의 정당한 요구는 즉시 허용되어야 한다. 즉 자유롭고 민주주의적인 한국의 탄생이야말로 극동의 평화를 의미하는 것이다. 그렇지 않은 경우, 전 세계에서 회피하고자하는 새로운 전쟁이 야기될 것이다."

　미국에 한국을 알리는데 혁혁한 공로를 세웠던 올리버가 1943년에 쓴 책의 제목은 "잊혀진 나라 한국"이었다. 제목 그대로 한국은 미국에게 잊혀진 나라였다. 하지만 특급 외교가 이승만의 활약은 잊혀진 나라에 대한 미국인들의 관심을 불러일으키는데 성공했다.
　이승만을 통해서 〈뉴욕타임즈〉 등 주요 언론매체들은 "한국은 내란의 위기 직전에 있다.", "북괴군 50만이 남침을 준비 중이다.", "하지(John R. Hodge)는 한국을 소련에 팔아넘기려고 한다.", "미국은 즉시 독립을 주던가 아니면 소련과 함께 물러가라.", "30일 내지 60일 이내에 남한에 군정을 인계할 과도 독립 정부가 수립될 것"이라는 등의 흥미진진한 기사를 보도하였다. 워싱턴 정가에서 '코리아 돌풍'을 일으킨 것이다.[98]
　독립 운동가 시절, 국무부는 이승만에게 적대적이었다. 하지만 이제는 그들도 이승만을 한국 국민들의 지도자로 대했다. 국무부 피점령국 담당 차관보 존 힐드링(John Hilldring) 장군은 맥아더와 절친했으며, 평소 이승만을 존경하고 있었다. 이승만과 힐드링의 회담은 우호적인 분위기에서 진행되었다.
　2차 대전 이후로 이승만이 가졌던 오랜 불안은 미국이 한국을 흥정의 대상으로 삼아 소련에 넘겨줄 수 있다는 것이었다. 그러나 워싱턴을 방문하고 힐드링을 만나면서, 이승만의 불안은 사라졌다. 이제 그의 관심은 한국인들이 자치 능력이 없다는 구실 아래 독립이 지연될 것이라는 생각에 쏠려있었다.

그때 또 한번 세계 정세의 타이밍이 이승만과 절묘하게 맞아떨어졌다. 오랫동안 소련과 우호적인 관계를 유지하며 공산주의에 대해 협력적인 태도를 취해왔던 미국의 정책이 하루아침에 뒤집어져버린 것이다. 발단은 그리스와 터키였다. 소련의 지원을 받은 공산 세력은 그리스의 합법적인 정부를 무너뜨리려고 했다. 소련은 터키에 해군 기지를 설치하여 서방 국가들을 위협하려고 하고 있었다.

트루먼은 소련의 팽창주의에 맞서는 보다 근본적인 정책을 세우기로 결심했다. 그것은 불과 2년 전까지만 해도 독일 및 일본과의 전쟁에서 같은 편에 선 동맹국이었던 소련을 주적(主敵)으로 설정하는 전략상의 일대 변화였다.[99)]

'트루먼 독트린'(The Truman Doctrine)으로 역사에 남은 연설은 1947년 3월 12일 상하원 합동회의에서 18분 동안 이어졌다. 트루먼은 그리스와 터키를 도와야 하는 이유를 설명한 뒤 이렇게 말하였다.

"세계 역사의 현 단계에서 거의 모든 나라는 어떻게 살아야 하는가를 양자택일(兩者擇一)해야 하는 상황에 처해 있다. 하나는 다수의 뜻에 따르는 체제로서 사람들은 자유로운 제도, 대의(代議) 정부, 자유선거, 개인의 자유, 언론과 종교의 자유, 그리고 정치적 압제로부터의 자유를 누린다. 다른 하나는 소수가 다수에 강제(强制)한 삶의 양식인 바, 테러와 압제를 동원하여 신문과 라디오를 통제하고 선거를 조작하며 개인적 자유를 탄압한다.

나는 무장된 소수나 외부 세력이 자유민들을 복속시키겠다고 달려들 때 이에 저항하는 그들을 돕는 것이 미국의 정책이 되어야 한다고 믿는다.

나는 우리가 자유민들을 도와서 그들이 그들의 운명을 스스로 개척해나가
도록 해야 한다고 믿는다."

그것은 곧 공산주의와의 대결 선언이었다. 어설프고 성과도 없이 이용
만 당했던 소련과의 협력을 포기하고 정면 대결로 나간다는 방향 전환이
었다. 〈뉴스위크〉는 이 역사적인 연설에 대하여 이렇게 논평했다. "'만약
말(言)이 국가들의 미래를 결정한다면 이 연설이 그런 경우에 해당할 것
이다."

그것은 정확한 예측이었다. 트루먼의 연설 이후로 인류의 역사가 다시
쓰여 졌다. 미주리주의 농촌 출신으로 순박하고 솔직하며 용감한 품성을
지녔던 트루먼은 자신의 연설대로 신속하게 움직였다. 북대서양 조약기구
(NATO)를 창설하여 서유럽과 미국의 집단 안보를 강화하고, 마셜 플랜
(Marshall Plan)으로 유럽의 전후(戰後) 복구를 도왔다.

트루먼 독트린은 적과 동지를 뒤집어 놓은 결과를 초래했다. 2차 대전의
동료였던 소련은 적군이 되었고 적이었던 독일과 일본은 아군(我軍)이 되
었다. 미국은 독일과 일본을 민주화하여 경제를 부흥시키면서 이 두 나라
가 서방 세계 편에 서도록 유도한다.

트루먼 독트린이 1947년이니, 1917년 공산 혁명 이후 30년만이다. 미국
이 소련의 실체를 직면하고 대결을 선언하기까지 30년이 걸렸다. 이와는
대조적으로 이승만은 1917년 무렵부터 확고한 반공을 선언했다. 이승만이
미국보다 30년을 앞서간 것이다. 30년을 기다리느라고, 말할 수 없는 고생
을 해야 했다.

늦은 감이 있지만, 트루먼 독트린은 대한민국의 운명에도 중요한 영향

을 끼쳤다. 미국은 한반도에서 되지도 않을 좌우합작이나 소련과의 합의에 매달리는 정책을 점차 포기한다. 따라서 좌우합작에 반대하고 소련의 위협에 대항하는 단독 정부 수립을 추진한 이승만의 입지가 강화된다. 이승만은 트루먼 독트린이라는 세계사의 대세를 타고 한국으로 돌아왔다.

하지만 여기에서 역사의 아이러니가 발생했다. 트루먼 독트린은 뜻밖에도 남한으로부터의 미군 철수를 재촉하게 된다. 유럽에 들어가는 경비가 큰 폭으로 증가했기 때문이다. 미국은 독일을 비롯한 유럽 각국에서 극도의 빈곤이 공산당의 기반을 만들어 준다고 판단했다. 따라서 마셜 플랜이라는 원조 계획을 세우고 모든 재력을 유럽에 쏟아 붓기 시작했다.

이에 따라 일본을 제외한 동아시아 지역에서는 경비를 더욱 삭감하여야 했다. 결과적으로 1947년 가을부터 미국은 한국으로부터 "체면을 손상하지 않으면서 철군할 수 있는 방안"을 모색하기 시작했다.

미국의 명예를 지키면서 한반도에서 손을 떼는 방법은 유엔이었다. 미국은 소련과의 합의가 더 이상 불가능하다는 판단을 내리고 한국 문제를 유엔에 상정했다. 1947년 11월 14일, 유엔 총회는 독립 정부 수립을 위해 한반도에서 유엔 감시 하에 자유선거를 실시하는 안건을 표결에 붙였다. 결과는 43대 0, 만장일치였다.

결국 1947년은 이승만의 미국 방문으로 시작하여 한반도에서 자유 선거를 실시하고 독립 정부를 수립한다는 유엔의 결의로 끝났다. 이로써 한반도에 대한 강대국들의 신탁 통치는 무효가 되어버렸다.

이승만을 만났던 힐드링은 국무부의 피점령 국가 담당 차관보에서 은퇴한 뒤인 1949년 1월 6일 이 문제에 관하여 중요한 증언을 남겼다.

"소련의 비위를 건드릴까 두려워서 신탁 통치 협정이 잘못되었다는 점을 공개적으로 선언하지 못했던 미국의 관리나 언론인들을 한 사람씩 차례로 설득해나간 것은 이승만, 올리버, 그리고 임병직의 끈질기고도 참을성 있는 노력이었다. 그들은 한국 문제를 정직하게 처리하고자 했다.

그것은 하나의 위대한 십자군 운동이었다. 지금도 치를 떨던 반대자들의 주장을 뒤집어 엎던 기억이 즐거움과 기쁨으로 나를 채운다. 이승만과 그의 참모들은 미국으로 하여금 강대국 소련을 다루는 편법적인 방법을 버리고 약소국 한국에 대해 정당하고도 의로운 태도를 취하도록 일에 매달렸다. 이승만 박사는 그 일을 해냈고 미국을 자기편으로 만들었다."

브루스 커밍스의 표현처럼, 1947년은 대전환의 해였다.

우리 역사 최초의 자유선거, 5.10 총선

유엔의 결의에 따라 오스트레일리아, 캐나다, 중국, 엘살바도르, 프랑스, 필리핀, 인도, 시리아의 8개국 대표가 〈유엔 한국 임시위원단〉을 결성했다. 유엔 위원단은 1948년 1월 8일 한국에 입국했다. 그들의 목적은 남한과 북한 전 지역을 대상으로 한 자유선거를 실시하여 통일 정부를 수립하는 것이었다.

그러나 이미 정권이 수립되어있던 북한은 유엔 위원단의 방문조차도 허용하지 않았다. 결국 2월 26일 유엔 소총회는 유엔의 감시가 가능한 지역에서 선거를 실시하도록 결의했다. 이 결의에 따라 5월 10일, 우리 역사상 최초의 자유선거가 실시되었다.

총선거를 위한 선거법에는 특이한 조항이 있었다. 친일파 배제 조항이다. 제2조는 ①일본정부로부터 작위를 받은 자 ②일본 제국의회의 의원이 되었던 자 등은 선거권이 없다고 규정했다.

제3조는 ①일제시대 판임관 이상의 경찰관 및 헌병보 또는 고등경찰의 직에 있었던 자 및 그 밀정행위를 한 자 ②일제시대에 중추원의 부의장 고문 또는 참의가 되었던 자 ③일제시대에 부 또는 도의 자문 혹은 결의기관의 의원이 되었던 자 ④일제시대에 고등관으로서 3등급 이상의 지위에 있던 자 또는 훈 7등 이상을 받은 자(단 기술관 및 교육자는 제외함) 등은 피선거권이 없다고 규정했다. 이에 따라 친일파들은 아예 선거에 출마조차 할수 없었다. 대한민국을 친일파가 세운 나라라고 폄하하는 흑색선전의 허구성이 여기에서도 증명된다.

수준 높은 서예가였던 이승만은 5.10 총선거를 앞두고 붓을 들었다. 그가 남긴 휘호는 "방구명신(邦舊命新)", 나라는 오래지만 명은 새롭다는 뜻이다. 유영익은 여기에서 명이란 기독교적인 새로운 하늘의 명(천명)을 의미하는 것으로 해석했다.[100]

기독교라는 새로운 토대 위에 새로운 나라를 세우고자 했던, 한성 감옥의 꿈이 오십여 년이 지난 뒤에 열매로 맺어진 것이다.

좌익들의 격렬한 반발에도 불구하고 선거는 성공적으로 마쳤다. 한국인들은 오천년 역사상 처음으로 국민이 투표를 거쳐서 지도자를 선출하는 역사적인 행위에 참가했다. 대부분의 미국 언론들도 90%가 넘는 투표율을 들어 성공적이었다고 평가했다.

유엔 한국 임시 위원단은 5.10 총선거에 대한 보고서를 다음과 같이 작성했다. "언론, 출판, 결사의 민주적 자유권이 보장된 합당한 수준의 자유로운 분위기에서 실시된 이번 선거는 전체 한국 인구의 약 3분의 2가 거주하며 감시 위원단의 접근이 허용된 지역 유권자들의 자유의사가 정확히 표현된 것이다."

　대한민국의 건국에 앞선 첫 번째 선거는 중요한 의미를 지녔다. 그것은 북한의 선거와 비교해보면 확연히 드러난다. 흔히 민주주의에 대한 정의로 링컨의 게티스버그 연설을 꼽는다. 국민의, 국민에 의한, 국민을 위한 정치이다.

　그중에서도 핵심은 "국민에 의한" 정치이다. 국민이 참여하지 못하게 해놓고 국민의 정치 혹은 국민을 위한 정치를 한다고 하면 말이 안 된다. 국민에 의한 정치의 가장 중요한 요건은 투표이다. 국민이 스스로의 자유 의사에 따라 통치자를 결정할 수 있어야 한다. 투표이되 자유 투표여야하고 비밀 투표여야 한다.

　이점은 민주주의 역사를 들추어보아도 분명히 확인된다. 그리스가 민주주의의 발상지로 알려진 중요한 이유 가운데 하나는 "도편추방제"에 있다. 독재자가 될 가능성이 있는 인물의 이름을 도자기에 적어 비밀로 투표하게 한 것이다.

　이처럼 민주주의의 핵심은 자유 투표와 비밀 투표로 이루어지는 선거이다. 이 원칙으로 볼 때 소위 '북조선 인민 민주주의 공화국'은 전혀 민주적이지 않다. 1946년 11월 3일에 북한에서는 도/시/군 인민 위원 선거가 치러졌다. 이주영은 이 선거의 추억을 회고한다.

　"어린 시절 북한에서 마당에서 노는데 사람들이 와르르 수십 명 대문

안으로 들어왔다. 검은 통과 흰 통을 들고 왔다. 그날 어머니가 동생을 낳았다. 선거 날 산모가 투표하러 가지 못하자, 투표함을 들고 집으로 찾아온 것이다...

국회의원 200명을 뽑는다면 당연히 한 지역구에서 여러 후보가 나서서 경쟁한다. 그것이 자유선거이다. 그런데 북한에서는 인민위원 200명을 뽑는다면 200명 명단을 적고 다 받아들일 것이냐, 안 받아들일 것이냐를 투표하게 한다.

찬성하면 흰 통에, 반대하면 검은 통에 표를 넣는다. 당시 무서운 상황에서도 기독교인들이 검은 통에 표를 넣었다. 지금은 투표함이 아예 하나이다. 찬성하면 흰 통에다 넣고 반대하면 가서 따로 이야기해야 한다. 이런 상황에서 북한을 민주주의라는 범주에 넣고 이야기하면 말이 안 된다."[101]

5.10 총선거의 선진성은 다른 나라들과의 비교에서도 나타난다. 우리의 첫 번째 선거는 남녀, 재산의 차별 없이 일정 연령 이상의 성인이 모두가 참여하는 보통 선거였다. 지금에야 당연한 사실이지만, 오늘날 당연한 것이 전혀 당연하지 않았다는 점에 역사의 의미가 있다.

민주주의의 종주국이라 불리는 영국에서 1754년 800만의 국민 가운데 투표권을 가진 귀족들은 3.5%에 불과했다. 민주주의의 발전 과정은 투표권의 확대 과정이었다. 1884년 세금을 내는 모든 남자가 투표권을 획득했다. 1918년에는 세금과 관계없이 모든 남자의 투표권의 보장되었다. 1928년에야 비로소 여자에게 투표권이 주어졌다. 전 국민이 차별 없이 투표권을 갖게 되기까지 무려 170여년이 걸린 것이다.

프랑스의 경우에도 여성의 투표권은 1945년에야 주어졌다. 민주주의의 선두주자로 알려진 미국에서 흑인들이 실제적으로 투표권을 가진 것은 1965년이었다. 스위스에서는 여성이 1971년에 투표권을 행사할 수 있었다.

1948년 당시 세계 최빈국 수준이었던 우리나라와 비교도 할 수 없는 선진국이었던 오스트레일리아, 벨기에, 캐나다에서도 보통 선거권에 제약이 붙어있었다.[102]

영국에서 170년 걸리고 미국에서도 190여년 걸린, 차별 없는 보통 선거권을 우리는 건국할 때부터 행사했다. 1948년을 기점으로 하면 프랑스와 비슷하고 오스트레일리아, 벨기에, 캐나다, 미국, 스위스보다 앞선 수준이었다. 이는 후발 주자로서 단숨에 선발 주자들을 따라잡은 '압축 민주화'의 사례였다.

물론 다른 나라가 오랫동안 차곡차곡 쌓아올린 과정을 '한방에' 해결해버린 데서 오는 부작용도 있었다. 그러나 그네들의 시행착오를 그대로 반복할 필요는 없다. 부작용을 없애려고 영국만큼 시간이 걸리게 하면 2120년쯤에 겨우 보통선거를 할 수 있다.

5.10 선거를 통해서 200명이 국회의원으로 당선되었다. 그중에서 국회의장을 선출해야할 때, 하지는 엉뚱한 제안을 했다. 투표 없이 최고령인 78세 의원을 국회의장으로 지명하자는 것이었다. 다분히 이승만을 의식한 제안이었다. 물론, 이 어이없는 제안은 받아들여지지 않았다. 5월 31일의 투표 결과 189대 8로, 이 나라 초대 국회는 이승만을 국회의장으로 선출했다.

이승만 국회의장은 마지막까지 자신을 배제하려고 했던 하지를 제일 먼저 소개했다.

"누구보다 치하의 말을 들어야할 사람이 있다면 하지 장군일 것입니다. 그가 이 축하의 자리에 동참한 것을 진심으로 환영하는 바입니다. 여기 많은 미국 친구들을 모시게 되어 기쁘기 한량없습니다.

여러분들은 가장 어려운 시간을 우리와 함께 했습니다. 간혹 오해를 하거나 부당하게 비난받은 적도 있지만 한 가지 위대한 사실은 역사에 길이 빛날 것입니다. 바로 여러분들은 우리가 독립을 되찾는 것을 돕기 위해 이곳에 와서 훌륭하게 그 임무를 완수했다는 점입니다. 우리 국민들은 깊이 감사하는 마음으로 그 점을 자손 대대로 기억할 것입니다."

그것은 단지 외교적인 수사(修辭)만은 아니었다. 이승만은 오랫동안 미국을 상대했고 관료들과 부딪혀왔다. 미국의 정책이 작용하는 방식을 터득하고 있었다. 처음부터 한국에 관한 정책은 국무부에서 결정하고 국방부에서 집행하도록 되어 있었다. 하지는 미국의 방침에 충실히 따라야 했다.

이승만과 대립한 것은 "미국의 정책을 실행해야하는 하지"였지, "인간 존 하지"가 아니었다. 이승만이 싸운 것은 "미국의 잘못된 한반도 정책"이었지, "미국"도 아니었고 "미국인 하지"는 더더욱 아니었다. 결과적으로 이승만은 미국을 설득했고 미국과 이승만은 한편이 되었다.

미국이 진주(進駐)한 남한은 자유 민주국가가 되었고 소련이 점령한 북한은 공산국가가 되었다. 그러니, 중간 과정에서 힘들고 고통스러운 순간이 있었다고 해도, 미국과 하지에 대한 고마움을 표현한 것은 나름대로의 진심이었을 것이다.

차상철은 이승만과 하지의 관계를 다음과 같이 설명한다, "군정 3년간 이승만과 하지는 그야말로 견원지간(犬猿之間)이었다. 그러나 그들은 견원의 동반자였다... 이승만과 하지, 그들은 서로 그토록 싫어했지만 현실적으로 다른 대안이 없는 불가피한 동반자임을 인정해야만 했다."[103]

기도로 시작한 나라, 대한민국

우리의 건국은 수많은 성도들의 눈물어린 기도의 결과였다. 건국의 과정에서도 우리의 선조들은 고비마다 기도로 하나님의 도우심을 구했다. 신탁 통치가 결정된 직후인 1946년 1월에는 새해를 맞이하는 삼일동안 전국의 교회가 금식을 하며 조국의 독립을 위해서 기도했다.

이승만은 해방에서 건국에 이르는 중요한 시기에 끊임없이 하나님을 의지하고 공개적으로 신앙을 고백했다. 1946년 해방 후 처음 맞이하는 3·1 기념행사에서는 "한민족이 하나님의 인도 하에 영원히 자유 독립의 위대한 민족으로써 정의와 평화와 협조의 복을 누리도록 노력하자"라고 연설했다.

드디어 1948년 5월 31일 제헌 국회가 개회되었다. 사회자인 국회 의장 이승만이 입을 열었다. 오천년 우리 역사에 첫 번째 맞이하는 국회에서 이승만의 첫마디는 신앙 고백이었다.

"대한민국 독립 민주국 제1차 회의를 여기서 열게 된 것을 우리가 하나님에게 감사해야 할 것입니다. 종교 사상에 무엇을 가지고 있든지 누구나 오늘을 당해 가지고 사람의 힘으로만 된 것이라고 우리가 자랑할 수 없을 것입니다.

그러므로 하나님에게 감사를 드리지 않을 수 없습니다. 먼저 우리가 다 성심으로 일어서서 하나님에게 우리가 감사를 드릴 터인데 이윤영 의원 나오셔서 간단한 말씀으로 하나님에게 기도를 올려주시기 바랍니다."

이승만에 의해서 지목된 이윤영은 감리교 목사로 서울의 종로에서 당선된 국회의원이었다. 국회에서의 기도는 회순에 없는 순서였다. 198명 국회의원 전원이 기립한 가운데 이윤영은 대표 기도를 드렸다.

"이 우주의 만물을 창조하시고 인간의 역사를 섭리하시는 하나님이시여! 이 민족을 돌아보시고 이 땅을 축복하셔서 감사에 넘치는 오늘이 있게 하심을 주님께 저희들은 성심으로 감사하나이다.

오랜 시일 동안 이 민족의 고통과 호소를 들으시고 정의의 칼을 빼서 일제의 폭력을 굽히시사 세계만방의 양심을 움직이시고, 또 우리 민족의 염원을 들으심으로 이 기쁜 역사적 환희의 날을 이 시간에 우리에게 오게 하심은 하나님의 섭리가 세계만방에 정시(呈示 : 꺼내 보임)하신 것으로 저희는 믿나이다.

하나님이시여! 이로부터 남북이 둘로 갈리어진 이 민족의 어려운 고통과 수치를 신원(伸寃 : 원통한 일을 풂)하여 주시고, 우리 민족, 우리 동포가 손을 같이 잡고 웃으며 노래 부르는 날이 우리 앞에 속히 오기를 기도하나이다.

하나님이시여! 원치 아니한 민생의 도탄은 길면 길수록 이 땅에 악마의 권세가 확대되나 하나님의 거룩하신 영광은 이 땅에 오지 않을 수 없을 줄을 저희들은 생각하나이다. 원하옵건데, 우리 조선 독립과 함께 남북통

일을 주시옵고, 또한 우리 민생의 복락과 아울러 세계평화를 허락하여 주시옵소서.

거룩하신 하나님의 뜻에 의지하여 저희들은 성스럽게 택함을 입어 가지고 글자 그대로 민족의 대표가 되었습니다. 그러하오나 우리들의 책임이 중차대한 것을 저희들은 느끼고, 우리 자신이 진실로 무력한 것을 생각할 때 지(智)와 인(仁)과 용(勇)과 모든 덕(德)의 근원이 되시는 하나님 앞에 이러한 요소를 저희들이 간구하나이다.

이제 이로부터 국회가 성립이 되어서 우리 민족의 염원이 되는, 세계만방이 주시하고 기다리는 우리의 모든 문제가 원만히 해결되며, 또한 이로부터 우리의 완전 자주독립이 이 땅에 오며, 자손만대에 빛나고 푸르른 역사를 저희들이 정하는 이 사명을 완수하게 하여 주시옵소서.

하나님이 이 회의를 사회하시는 의장으로부터 모든 우리 의원 일동에게 건강을 주시옵고, 또한 여기서 양심의 정의와 위신을 가지고 이 업무를 완수하게 도와주시옵기를 기도하나이다. 역사의 첫걸음을 걷는 오늘의 우리의 환희와 우리의 감격에 넘치는 이 민족적 기쁨을 다 하나님께 영광과 감사를 올리나이다.

이 모든 말씀을 주 예수 그리스도 이름을 받들어 기도하나이다. 아멘"

이승만의 공개적인 신앙 고백은 계속되었다. 그것은 천신만고 끝에 되찾은 조국을 하나님의 은혜 위에 세우려는 건국 대통령의 노력이었다. 이승만은 국회의장 자격의 〈맹세문〉에서 '하나님과 애국선열과 삼천만 동포 앞에' 선서했으며, 〈국회개원식 축사〉에서는 '하나님과 삼천만 동포 앞에서' 국가 발전에 분투할 것을 맹약했다.

기도로 시작된 제헌 국회는 7월 20일 이승만을 대통령으로 선출했다. 7월 24일 이승만은 대통령 취임 연설을 한다. 그 첫마디도 역시 신앙의 고백이었다.

"여러 번 죽었던 이 몸이, 하나님의 은혜와 동포의 애호로 지금까지 살아 있다가, 오늘에 이와 같이 영광스러운 추대를 받는 나로서는 일변 감격한 마음과 일변 감당키 어려운 책임을 지고 두려운 생각을 금하기 어렵습니다. '기쁨이 극하면 웃음이 변하여 눈물이 된다'는 것을 글에서 보고 말로 들었던 것입니다.

요즈음 나에게 치하하러 오는 남녀 동포가 모두 눈물을 씻으며 고개를 돌립니다. 각처에서 축전 오는 것을 보면, 모두 눈물을 금하기 어렵습니다. 나는 본래 나의 감상으로 남에게 촉감(觸感)될 말을 하지 않기로 매양 힘쓰는 사람입니다. 그러나 목석간장이 아닌 만치 나도 뼈에 사무치는 눈물을 금하기 어렵습니다. 이것은 다름이 아니라 40년 전에 잃었던 나라를 다시 찾은 것이오, 죽었던 민족이 다시 사는 것이 오늘 이에서 표명되는 까닭입니다.

오늘 대통령 선서하는 이 자리에서, 하나님과 동포 앞에서 나의 직책을 다하기로 한층 더 결심하며 맹세합니다. 따라서 여러 동포들도 오늘 한층 더 분발해서, 각각 자기의 몸을 잊어버리고, 민족 전체의 행복을 위하여, 대한민국의 시민이 된 영광스럽고 신성한 직책을 다하도록 마음으로 맹세하기를 바랍니다."

대한민국의 최고 지도자로 선출된 이승만의 연설들은 "하나님과 동포들 앞에서"를 반복한다. 일평생 그가 추구했던 신앙과 애국이 그대로 드러난 표현이다. 대통령 취임사의 마지막 부분이다.

　"건설하는 데는 새로운 헌법과 새로운 정부가 다 필요하지마는, 새로운 백성이 아니고는 결코 될 수 없는 것입니다. 부패한 백성으로 신성한 국가를 이루지 못하나니, 이 민족이 날로 새로운 정신과 새로운 행동으로, 구습을 버리고 새 길을 찾아서 날로 분발 전진하여야, 지난 40년 동안 잊어버린 세월을 다시 회복해서, 세계 문명국에 경쟁할 것이니, 나의 사랑하는 3천만 남녀는 이날부터 더욱 분투용진해서, 날로 새로운 백성을 이룸으로써 새로운 국가를 만년 반석 위에 세우기로 결심합시다."

　'새로운 백성'을 강조한 대목은 한성 감옥에서 집필한 「독립정신」을 떠올리게 한다. 정치 제도를 뜯어고치는 혁명을 꿈꾸던 풍운아 이승만은 역적으로 몰렸다. 생지옥 같은 한성 감옥에서 그는 살아계신 예수를 만났다.

　예수 그리스도와의 만남으로 그에게는 새로운 애국의 지평이 열렸다. 그것은 백성들을 새롭게 해야한다는 깨달음이었다. 정치의 변화나 제도의 혁명은 사람이 바뀌는 것에서 출발해야 한다. 사람을 바꿀 수 있는 것은 기독교였고 복음이었고 성서였고 그리스도였다.

　그로부터 반백년, 스물네 살의 사형수는 일흔 셋의 대통령이 되었다. 그가 이끌어야할 나라는 가난과 공산 세력의 위협과 무지에 둘러싸여 있었다. 생존 여부가 불투명한 조국을 바라보며, 이승만은 오십 년을 견지해왔던 신앙과 애국을 말했다. 파란만장한 세월 동안 그를 지켜왔고 그의 영혼이 품어왔고 그가 씨름하며 추구해왔던 신앙과 애국, 그것으로 새 나라를 세우고자 했다. 길고 오랜 투쟁 끝에 찾아온, 장엄한 시작이었다.

| 참고문헌 |

1) 서정주, 「우남 이승만전」(서울 : 화산문화기획, 1995), p. 33

2) 이원순, 「인간 이승만」(서울 : 신태양사, 1995), p. 27

3) 오영섭, "이승만 대통령의 문인적 면모", 유영익 편 「이승만 대통령 재평가」(서울 : 연세대학교 출판부, 2006), p. 442

4) 이한우, 「우남 이승만, 대한민국을 세우다」(서울 : 해냄 출판사, 2008), p. 68

5) 서정주, 「우남 이승만전」, p. 74

6) Ibid., p. 80

7) 유영익, 「이승만의 삶과 꿈 − 대통령이 되기까지」(서울 : 중앙일보사, 1996), p. 28

8) 서정주, 「우남 이승만전」, p. 103

9) 이정식, 「이승만의 구한말 개혁운동」(서울 : 배재학교 출판부, 2005), p. 41

10) 서정민, 「교회와 민족을 사랑한 사람들」(서울 : 기독교문사, 1990), p. 69

11) 로버트 올리버(Robert Oliver) 지음, 황정일 옮김, 「이승만 − 신화에 가린 인물」(서울 : 건국대학교 출판부, 2002), p. 76

12) 정진석, 「한국 언론사 연구」(서울 : 일조각, 1983). p. 381

13) 오영섭, "이승만 대통령의 문인적 면모", 유영익 편, 「이승만 대통령 재평가」, p. 453

14) 정진석, "언론인 이승만의 말과 글", 원영희, 최정태 편집, 「뭉치면 살고… 언론인 이승만의 글모음 1894−1944」(서울 : 조선일보사, 1995). p. 40

15) Ibid., p. 41

16) 전상인, "이승만의 사회 사상, 사회 운동, 사회 개혁", 유영익 편 「이승만 대통령 재평가」, p. 394

17) 원영희, 최정태 편집, 「뭉치면 살고… 언론인 이승만의 글모음 1894−1944」, pp. 137−140

18) 이정식, 「이승만의 구한말 개혁운동」, p. 409

19) 인보길 엮음. "운동권 청년 이승만, 고종을 굴복시키다". 인보길 편, 「이승만 다시보기」(서울 : 기파랑, 2011), p. 163

20) 이승만 저, 이정식 역주, "청년 이승만 자서전" 원영희, 최정태 편집, 「뭉치면 살고… 언론인 이승만의 글모음 1894−1944」, p. 73

21) 전상인, "이승만의 사회 사상, 사회 운동, 사회 개혁", 유영익 편 「이승만 대통령 재평가」, p. 390

22) 유영익, 「젊은날의 이승만」(서울 : 연세대학교 출판부, 2002), p. 30

23) Ibid., pp. 31−33

24) 서정민, 「한국교회 사회운동사」(서울 : 이레서원, 1995), p. 214

25) 이정식, 「이승만의 구한말 개혁운동」, p. 109

26) 김준길, "역사학자 柳永益 교수의 필생사업― 李承晩 연구 이야기", <월간조선> 2002년 3월호.

27) 유영익, 「젊은날의 이승만」, p. 151

28) 이정식, 「이승만의 구한말 개혁운동」, p. 130

29) 원영희, 최정태 편집, 「뭉치면 살고... 언론인 이승만의 글모음 1894-1944」, pp. 152-155

30) 김길자. "대한민국은 위대한 아버지를 버렸다", 인보길 편, 「이승만 다시보기」(서울 : 기파랑, 2011), p. 17

31) 김준길, "역사학자 柳永益 교수의 필생사업― 李承晩 연구 이야기", <월간조선> 2002년 3월호.

32) 이승만 지음, 김충만 김효선 풀어씀. 「독립정신」(서울 : 동서문화사, 2010), pp. p. 39

33) 신봉승, 「이동인의 나라」(서울 : 동방미디어, 2001), p. 5

34) 서정주, 「우남 이승만전」, p. 262

35) 유영익, 「젊은날의 이승만」, p. 57

36) 로버트 올리버(Robert Oliver) 지음, 황정일 옮김, 「이승만 - 신화에 가린 인물」, p. 102

37) 이정식, 「이승만의 구한말 개혁운동」, p. 171

38) 로버트 올리버(Robert Oliver) 지음, 박일영 옮김, 「이승만 없었다면 대한민국 없다」(서울 : 동서문화사, 2008), p. 27

39) 이정식, "해방 전후의 이승만과 미국", 유영익편 「이승만 연구」(서울 : 연세대학교 출판부, 2003), p. 407

40) 제임스 브래들리 저, 송정애 역 「임페리얼 크루즈」(서울 : 프리뷰, 2010)

41) Ibid., p. 346

42) 이정식, 「이승만의 구한말 개혁운동」, p. 219

43) 로버트 올리버(Robert Oliver) 지음, 황정일 옮김, 「이승만 - 신화에 가린 인물」p. 109

44) 이승만 저, 정인섭 역 「이승만의 전시 중립론 - 미국의 영향을 받은 중립」(서울 : 나남출판사, 2000), p. 11

45) Ibid., pp. 7-11

46) 이한우, 「우남 이승만, 대한민국을 세우다」, p. 141

47) 권영설, "이승만과 대한민국 헌법", 유영익편 「이승만 연구」, p. 494

48) 서정주, 「우남 이승만전」, p. 203

49) 유영익 강연, "이승만과 건국" 2008. 4. 28

50) 이한우, 「우남 이승만, 대한민국을 세우다」, p. 167

51) Ibid., p. 171

52) 이승만 저, 서정민 주해, 「한국교회 핍박」(서울 : 청미디어, 2008), p.226

53) 최영호, "이승만의 하와이에서의 초기 활동", 유영익편 「이승만 연구」, p. 74

54) 이한우, 「우남 이승만, 대한민국을 세우다」, p. 190

55) 최영호, "이승만의 하와이에서의 초기 활동", 유영익편 「이승만 연구」,p. 84

56) 이한우, 「우남 이승만, 대한민국을 세우다」, p. 186

57) Ibid., p.183

58) 프란체스카 도너 리 저, 조혜자 역 「이승만 대통령의 건강」(서울 : 도서출판 촛불. 2006), p. 82

59) 허문도, "한민족의 모세, 이승만 부활시키자", 인보길 편, 「이승만 다시보기」p. 102

60) 이병주, 「대통령들의 초상」(서울 : 주식회사 서당, 1991), p. 26

61) 고정휴, 「이승만과 한국 독립 운동」(서울 : 연세대학교 출판부, 2004), p. 276

62) 로버트 올리버(Robert Oliver) 지음, 황정일 옮김, 「이승만 – 신화에 가린 인물」p. 163

63) 고정휴, "이승만과 구미 위원부", 유영익편 「이승만 연구」, p. 112

64) 반병률, "이승만과 이동휘", 유영익편 「이승만 연구」, p. 299

65) 고정휴, "대한민국 임시 정부 임시 대통령으로서의 이승만", 유영익 편 「이승만 대통령 재평가」, p. 11

66) 유마디, 김형원 "임수경 의원한테 '변절자' 폭언 들은 대학생 백요셉" <조선일보> 2012. 6. 5

67) 박갑동, 「서울·평양·북경·동경」(서울 : 기린원, 1988), pp. 34–35

68) 서정주, 「우남 이승만전」, p. 260

69) 유영익, 「이승만의 삶과 꿈 – 대통령이 되기까지」, p. 222

70) 서정주, 「우남 이승만전」, p. 248

71) 이현희, 「대한민국 부통령 인촌 김성수 연구」(서울 : 나남 출판사, 2009), p. 230

72) 한시준, "이승만과 대한민국 임시 정부", 유영익편 「이승만 연구」, p. 269

73) 이승만. 「일본, 그 가면의 실체」(서울 : 청미디어, 2007)

74) 이한우, 「우남 이승만, 대한민국을 세우다」, p. 267

75) 김태익, "히라바야시씨의 훈장" <조선일보> 2012. 6. 5

76) 김용직, "대한민국 건국의 정치외교사적 소고", 이인호, 김영호, 강규형 편, 「대한민국 건국의 재인식」(서울 : 기파랑, 2009), p. 193. 이주영, 「우남 이승만 그는 누구인가?」(서울 : 배대학당 총동문회, 2009), p. 91

77) 후베르투스 크나베 저, 김주일 역, 「슈타지 문서의 비밀 – 서독 총리실을 점령하라」(서울 : 월간

조선사, 2004), p. 50

78) 이정식, "해방 전후의 이승만과 미국", 유영익편 「이승만 연구」, p. 416

79) 이병주, 「대통령들의 초상」, p. 37

80) 한국 현대사 학회 현대사 교양서팀 저, 「대한민국을 만들다」(서울 : 기파랑, 2012), pp. 14-15

81) 이승만 저, 이수웅 역, 「이승만 한시선」(대전 : 배재대학교 출판부, 2007), p. 8

82) 이지수 "제 2차 세계 대전과 소련의 한반도 정책", 이인호, 김영호, 강규형 편, 「대한민국 건국의 재인식」, p. 65

83) 한국 현대사 학회 현대사 교양서팀 저, 「대한민국을 만들다」, p.19

84) 차상철, "이승만과 하지(John Reed Hodge)", 유영익편 「이승만 연구」, p. 371

85) 로버트 올리버(Robert Oliver) 지음, 박일영 옮김, 「이승만 없었다면 대한민국 없다」p. 66

86) 이한우, 「우남 이승만, 대한민국을 세우다」, p. 306

87) 이지수. "제 2차 세계 대전과 소련의 한반도 정책", p. 73

88) Ibid., p. 65

89) 조갑제 "巨惡 스탈린과 공산당을 조롱한 李承晩의 대연설". <조갑제닷컴> 2011. 7. 25

90) 전상인, "이승만과 5.10 총선거", 유영익편 「이승만 연구」, p. 446

91) 양호민, 「38선에서 휴전선으로」(서울 : 생각의 나무, 2004), p. 168

92) 박갑동, 이철승 공저, 「건국 50년 - 대한민국 이렇게 세웠다」(서울 : 계명사, 1998), pp. 65-67

93) 이정식, "건국 대통령으로서의 이승만", 유영익 편 「이승만 대통령 재평가」, p. 44

94) 양동안, 「대한민국 건국사」(서울 : 건국 대통령 이승만 박사 기념사업회, 1998), pp. 257-258

95) 한국 현대사 학회 현대사 교양서팀 저, 「대한민국을 만들다」, p.89

96) 로버트 올리버(Robert Oliver) 지음, 박일영 옮김, 「이승만 없었다면 대한민국 없다」, p. 55

97) 조갑제닷컴 편집실, 「안철수, 박원순의 정체」(서울 : 조갑제닷컴, 2011), p. 20

98) 유영익, "이승만 대통령의 업적", 유영익 편 「이승만 대통령 재평가」, p. 505

99) 조갑제, "自由民, 특히 한국인을 살린 '트루먼 독트린' 이야기", <조갑제닷컴> 2010. 3. 16

100) 유영익, 「이승만의 삶과 꿈 - 대통령이 되기까지」, p. 218

101) 이주영 강연, "한국 현대사 이야기" 2011. 10. 24

102) 장하준, 「사다리 걷어차기」(서울 : 부키, 2002), p. 143

103) 차상철, "이승만과 하지(John Reed Hodge)", 유영익편 「이승만 연구」, p. 402

하나님의 기적, 대한민국 건국 I

초 판 발 행 2012. 7. 4.
증 보 개 정 2013. 12. 5.
4 판 발 행 2020. 10. 1.
지 은 이 이 호
발 행 인 이 호
표지디자인 강해진
편집디지인 김정희
교   정 김성훈 정은이 성채린
펴 낸 곳 자유인의 숲
등 록 번 호 2018년 9월 21일 제 2018-05호
주   소 서울특별시 용산구 한강대로 52길 25-8 한준빌딩 4층
도 서 문 의 010-6801-8933
ISBN 979-11-90664-04-2

거룩한 대한민국 네트워크

홈 페 이 지 www.holykoreanet.com
페 이 스 북 www.facebook.com/holykoreanetwork